子育て・保育の悩みに
教育研究者が答える Q&A

茨城大学教育学部
茨城大学教育学部附属幼稚園 編

楽しく遊んで、子どもを伸ばす

福村出版

[JCOPY] 〈出版者著作権管理機構 委託出版物〉
本書の無断複写は著作権法上での例外を除き禁じられています。複写される場合は、そのつど事前に、出版者著作権管理機構（電話 03-3513-6969、FAX 03-3513-6979、e-mail: info@jcopy.or.jp）の許諾を得てください。

はじめに

　今，この本を手にされている方々は，子育てに対するヒントを探されているのではないでしょうか。自分のこれまでのやり方でよいのだろうか？　何となく周囲の情報に頼って子育てを続けているのだけれど，それは正しい考え方なのだろうか？　そういう思いに応えられる育児の本ができあがりました。
　「躾（しつけ）」と称して虐待が行われているような近頃のニュースに接すると，「楽しく遊んで，子どもを伸ばす」というタイトルの本が絶対に必要なのだという思いが強まります。子育てに悩んで「皆はどうしているのだろう？」とインターネットで検索すると，どんな疑問にも実にたくさんの回答が返ってくるのが現代の情報化社会です。「どの方法が正しいのだろうか？」と，かえって悩みが深まったりしたことはないでしょうか。この本はさまざまな育児の悩みにコンパクトに，しかも根本的に答えてくれます。
　たとえば，「うちの子は言葉が遅れているようで心配」という方は50ページから，「まだ数が数えられないのだけれど」という方は62ページからお読みください。茨城大学教育学部で教鞭をとる，または茨城大学教育学部附属幼稚園で子どもたちと接している，それぞれの分野の専門家がわかりやすく，そして深い観点からアドバイスしてくれます。
　執筆者の方々には，保護者会や子育て講座での講話，保育カンファレンスでのアドバイザーなど，さまざまな立場で日頃から茨城大学教育学部附属幼稚園の保育に関してご協力をいただいています。本書によって，何となく感じていたことの根拠が専門的に裏づけられて，安心して温かい気持ちで子育てに臨めると思います。

遊びによって深まる自己

　私自身の専門分野は美術ですが，幼稚園長に赴任して，表現の始まりである幼児期の幼稚園での遊びの大切さを再認識しています。認知心理学者の佐伯胖氏は，親や教師や友だちと「かかわり」合うことによって子どもの世界が広がり，深ま

ることを「ドーナツ理論」という考え方で説明しています。子ども（I）が、能動的に共感的他者（YOU）とかかわり、さらに文化的実践が行われている現実世界（THEY）にもかかわる、というものです（図1）。かかわりの第一接面では、子どもの自発性が、第二接面では社会性が培われていくというのです。

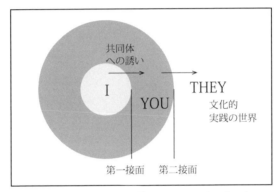

図1　佐伯氏による「かかわりのドーナツ」

この考えに、育っていく自己の内容を（ME）として付け加え、立体的に表してみます（図2）。すると、子どもが他者とかかわり合うことで、現実世界を合わせ鏡のように自分の内側にもつくり上げて、自己をネットワークとしてダイナ

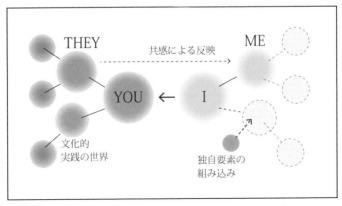

図2　筆者による「かかわりのネットワーク」

ミックに形成していく姿が見えてきます。そこには自分で選び取った要素も組み込まれて「個性」となっていくはずです。このようにして新しい要素を入れて組み替えることができる緩やかなネットワークを形成することが，豊かな学びにつながるのだと思います。

　ピカソをはじめ多くの芸術家が，子どもの創造性を賞賛し，子どものように無心に表現しようとしました。それは彼らが，創造性の基礎には，子ども時代に培われた世界を受け止めるネットワークがあることに気づいていたからだと思います。自分を飛躍させる基礎を形づくるものが，子ども時代の遊びのなかにある——そのことを確認していただき，本書が少しでも皆様の子育てに役立つことができれば幸いです。

茨城大学教育学部附属幼稚園園長
小泉　晋弥

【参考文献】
　佐伯胖（2001）『幼児教育へのいざない——円熟した保育者になるために』東京大学出版会
　無藤隆（1994）『赤ん坊から見た世界——言語以前の光景』講談社

本書の読み方・活用の仕方

子育てや保育で悩みがある方へ

本書はQ&A形式，2～6ページで1テーマ完結となっていますので，読みたいと思う項目から読みはじめてください。別のところが気になったらそこに飛んで読んでいくという方法でも本書の内容は理解できるようになっています。

子育てや保育を1から学びたい方へ

本書は第1章「健康」，第2章「表現」，第3章「言葉・数」，第4章「環境（理科・社会）」，第5章「人間関係」，第6章「子育て支援」とテーマ別にまとめてあります。第1章から通して読むと，テーマごとに大切な視点が見えてきて，読み終えたときに「子育てで大切なこと」が理解できるように編集されています。

考え方⇒実践方法の順に書かれています

各テーマは，原則として前半に子育てに関する基本的な考え方を，後半でその考え方を実践する具体的な方法を紹介しています。前半の考え方と後半の実践はどちらから読んでも構いません。どちらかだけ読んで，もう一方はあと回しにしても大丈夫です。第一線で活躍する大学の教員が執筆していますが，子育て経験の浅い方や，保育を専門的に学んでいない人にもわかりやすく記述しています。

おおらかな気持ちで読み進めてください

子どもの遊びに終わりがないように，子育てにも結論はありません。自分が相手をしている子どもたちのようすを思い浮かべながら，「こんなことあるね」と思いながら楽しく読んでいただければ幸いです。おおらかな気持ちで，子どもと楽しく遊んで，子どもの可能性を伸ばしていく。そんな子育てのヒントをこの本からつかみとっていただければと思います。

目　次

はじめに ——————————————————————— 3

第1章　子育ては健康づくりから ……………………………… 9

　　1　子どもを伸ばすには質の良い睡眠から　10
　　2　おいしく，楽しく，いろいろつくって，食べる　14
　　　　〜偏食を少なくする食事の工夫〜
　　3　体力向上は夢中になって遊ぶことから　20
　　　　〜体を動かすことが苦手な子と遊ぶ方法〜
　　4　1週間の生活リズムをつくる　24
　　　コラム①　学力の向上と基本的な生活習慣　28

第2章　表現する力が子どもを伸ばす ………………………… 31

　　1　一緒にダンスを楽しもう！　32
　　2　絵は描いているときが一番楽しい　38
　　3　集中力と思考力を育てるものづくり　42
　　　　〜ものづくりの楽しさを味わおう〜
　　　コラム②　楽しく歌おう　46

第3章　遊びのなかで「言葉」「数」を育てる ………………… 49

　　1　「ことば遊び」が言葉の力を成長させる　50
　　2　本や言葉との「出会い」を大切にする読み聞かせ　54
　　3　誰かに伝えたい思いがあるから文字を書く　58
　　4　数えることよりも大切なことがある　62
　　5　積み木やブロック遊びが図形の基礎となる　66

第4章　自然や社会のなかで科学の目を育てる……………… 71

1　身近な自然と対話する　72
2　「ふしぎ」のタネを　76
　コラム③　遊び心と科学の発展　81
3　手をつないで街を歩く　82
　コラム④　小さいうちから英語の勉強をした方がよいですか？　87

第5章　人間関係力を伸ばす遊びと保育 ……………………… 89

1　3つ子の魂は100歳まで続く？　90
2　人と「触れ合い」ながら遊ぶ　94
3　友だちと一緒に遊ぶ　96
4　話し合い，認め合い，仲間になる　98

第6章　子育ての悩みに答えます ……………………………… 101

1　ほめると子どもは伸びるのですか？　102
　～子どものほめ方・しかり方～
2　母親として子育てができているか不安です　106
3　ルールを守れる子どもを育てるにはどうしたらよいでしょうか？　110
　～道徳性・社会性の発達～
4　思いっきり遊ぶとけがをしそうで心配です　114
　～安全に遊ぶ～

おわりに ──────────────────────────── 118

第1章
子育ては健康づくりから

1 子どもを伸ばすには質の良い睡眠から

子どもが夜遅くまで起きていて、朝も一人で起きることができません。「早く寝なさい」と注意しても、好きなことをしていて、なかなか寝ようとしません。このままでも大丈夫でしょうか？

勝二 博亮
（神経生理）

日本の子どもの睡眠が危ない！

私が子どもの頃、夜9時過ぎまで起きていると、お菓子の箱に描かれている天使の絵を親に見せられ、「早く寝ないと羽が生えてくるよ」といわれ、寝させられたのをよく覚えています。当時、子どもは9時までには寝るのが当たり前だったものが、現在では真夜中に子連れでファミレスやコンビニに来ることも不思議な光景ではなくなってきました。

実際に国際比較をすると、乳幼児期においてさえ日本の子どもの睡眠時間は他国に比べて少ないことが報告されています。その背景には、子どもの就寝時刻が遅くなっている現実があり、それを助長しているのが大人である親の生活スタイルの変化が挙げられます。共働きの家庭も増え、親の帰宅時間が遅くなることで、結果として子どもの就寝時刻も遅れることになります。

「こういう時代だから仕方ない」とあきらめる前に、子どもの睡眠が脅かされることによって、子どもの成長にいかなる影響を及ぼすのか知っておくことは大切でしょう。

睡眠の役割

十分な睡眠をとることで疲れた体を休め、次の日も活動的に過ごすことが可能になります。しかし、体を休めることだけが睡眠の役割ではありません。睡眠に

は脳を休める働きもあるのです。すなわち，より良い睡眠が脳の活動にも良い影響を与えるのです。子どもは，日中に学習しながら脳をつくり上げていき，寝ている間にそれらを整理していきます。逆にいえば，睡眠が阻害されることによって，心身ともに悪影響を与えてしまうということになるのです。

　睡眠と学習との関係で興味深いデータがあります。5歳くらいになると手本を見て三角形を描き写すことが可能になります。しかし，睡眠と覚醒のリズムが崩れてしまっている子どもでは，三角形がうまく描けないという研究成果が報告されています。三角形模写はひらがな書字習得とも関連があるといわれていることから，幼児期の睡眠が子どもの認知発達にいかに大切であるかがわかります。

睡眠には"質"も重要！

　一般に「睡眠時間は8時間必要」といわれます。しかし，実際は発達期によって必要な睡眠時間は異なっています。

　たとえば，生まれたばかりの赤ちゃんは1日中寝ていますが，3カ月を過ぎると夜間の睡眠へと移行していきます。発達とともに睡眠時間は減り，小学校高学年くらいになると睡眠時間は8時間程度になります。では，睡眠に必要なのは量だけでしょうか？

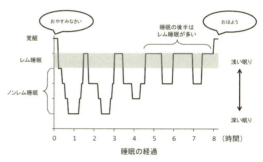

図1：レム睡眠とノンレム睡眠

　睡眠は"量"だけでなく"質"も重要となります。睡眠には「レム睡眠」と「ノンレム睡眠」があり，睡眠の前半は「ノンレム睡眠」が，後半は「レム睡眠」が多く表れます（図1）。しかし，睡眠が途中で妨げられると，これらの睡眠リズムが崩れてしまい，睡眠時間が十分にとれていたとしても，「眠った」という実感が得られなくなってしまいます。遅い時間に帰宅する家族がいることで，物音や光に反応して睡眠が妨げられてしまうこともあるのです。

　実は，先に述べた三角形模写のような運動学習には，「レム睡眠」が重要な役割を果たしていることがわかっています。睡眠には"質"も大切なのです。

子どもの良い睡眠を育てるために家庭でできること

⬣ 入眠をうながすために① 入眠儀式をつくる

国民的アニメ「サザエさん」では，タラちゃんが寝る前に布団のそばで絵本の読み聞かせをされています。これは入眠儀式と呼ばれるもので，寝る前に決まって行うことをパターン化し，「これから寝るよ」ということの意識づけを目的にしたものです。難しいものではなく，パジャマに着替えたり，歯を磨くなど，寝る前に必ず行うものから始めるのもいいでしょう。ただし，就寝前にTVゲームのような興奮してしまうものはやめましょう。

⬣ 入眠をうながすために② 夜寝は暗く，昼寝は明るく

部屋を暗くすると何も見えなくなるので子どもにとっては怖いことです。しかし，入眠に導く「メラトニン」というホルモンは光があるとその分泌が抑制されてしまいます。逆にいえば，朝は起きる前にカーテンを開けて光を浴びさせる時間をつくることで，自然と目覚めるようにうながされていきます。一方で，昼寝は，あくまでも一時的な眠りですから，暗くする必要はありません。

⬣ 生活スタイルを子どもに合わせて

共働きでどうしても就寝時刻が遅れてしまう，子どもが寝ついても夜遅くに家族が帰ってきて起きてしまうなど，子どもの睡眠を阻害するものは現代社会に多く存在しています。「仕方がない」と考える前に，子育ての期間は少しでも子どもの生活スタイルに合わせる努力が必要です。

園や学校では就寝時刻の調査がよく行われます。やってみると面倒ですが，それを有効に活用し，今の生活スタイルを見直すきっかけにしてみてください。

⬣ 思いっきり体を動かそう

上記に挙げたように，眠りを導くための方法はいくつかあります。しかし，夜になったら，自然と眠くなって寝てしまうのが理想です。友だちと一緒に遊んで

第1章　子育ては健康づくりから

適度な体の疲れが生じれば、きっと心地良い睡眠に導いてくれるでしょう。

では、お子さんは昼間に友だちと元気に外で遊んでいるでしょうか？

子どものなかには同世代の友だちとうまくかかわれず、孤立している子も少なくありません。遊べない原因はさまざまです。運動が苦手で、同年代の子どもの遊びに入れないということもあるでしょう。また、自分の欲求だけを通してしまい、周りの友だちが遊びに誘わなくなることもあります。

そのようななかで「仲良くみんなで遊ぼうね」と子どもたちに話しかけるだけでは問題の解決にはつながりません。運動が苦手ならば、そのような子どもでも楽しく参加できる新しい遊びを取り入れることも重要です。

たとえば、「鬼ごっこ」では足の遅い子がすぐに鬼になってしまいますが、「色鬼（指定した色に触っていれば鬼にならない）」ならば、運動が苦手な子どもでも参加できるかもしれません。家庭でも子どもの能力に合わせて親が一緒に遊ぶことで、経験不足を補うことができるでしょう。

ルールがなかなか守れない子どもであれば、家庭でもできそうなことからルールにしたがって行動することを学ぶ必要があるでしょう。簡単なお手伝いを頼んで、できたときにはいっぱいほめてあげることを繰り返しながら、他人のためにできたことの達成感を増やしていくことが大切です。

自分の欲求のみを通そうとする子どもであれば、他人の話も聞く態度を養う必要があるでしょう。しかし、親が一方的に「自分勝手だ」などと叱責するだけで終わってしまうことはむしろ逆効果でしょう。大切なのは、子どもが実際にどのように感じているか、子どもの目線に立って共感する姿勢をまず親が示すことです。子どもの話を聞きながら、その思いを代弁し、子どもの想いを十分に汲み取れているか確認した上で、子どもも納得できる適切な対応方法を一緒に考え、うまく行動できたときには、ほめてあげることが重要です。

【参考文献】
三池輝久（2014）『子どもの夜ふかし　脳への脅威』集英社

2 おいしく，楽しく，いろいろつくって，食べる
～偏食を少なくする食事の工夫～

Question

野菜を嫌がって食べません。好き嫌いを直すには，どうしたらいいでしょうか？ 健康のためにも，将来社会に出たときに困らないように，今のうちに偏食を直したいと思っています。

Answer
石島 恵美子
（家政教育）

好き嫌い？ 偏食？

誰にでも好き嫌いの1つや2つはあるもので，たとえばピーマンだけが嫌いであれば，別の緑黄色野菜で栄養面での代替はできますので，さほど気にする必要はありません。しかし，偏食といって野菜全般が食べられないといったように，食べられないものが多い場合は，栄養面だけでなく，人間形成や社会的なマナーや慣習にも影響が出てくるので，幼少期にできるだけ直してあげたいものです。

偏食のメカニズム　原因は本能？

①子どもの味覚の特徴

味覚の発達は，甘味，塩味，旨味の美味しさを感じることから始まります。子どもは酸味と苦味を嫌うことが多いですが，これは，腐ったものに多い酸味や身体に良くない強アルカリの苦味を回避する防衛本能といわれています。

また，マーマレードをまず甘いと感じるか苦いと感じるかは人によって異なり，これは味覚の感受性の差です。好みではなく，感じ方の違いです。さらに，子どもの味覚の感度は大人の2～3倍です。わずかな苦味を強く感じる子どももいます。大人になるにつれて，味覚の感度が低下するとともに，いろいろな食べ物を経験することで安全な苦味や酸味の美味しさ，複雑な味を理解していきます。味

覚は長い年月をかけて完成されるものです。子どもは、大人を小さくしたものではありません。まだ発展途上の器官があるということを忘れないでください。

②食べ物反抗期

　好き嫌いの原因の2つめは、成長とともに現れる精神的な影響です。

　偏食を直すことに、親の積極性が強くなっていませんか？　どんなことでも、子どもの意欲より親の意欲が勝るとうまくいかないものです。4歳くらいから自我が芽生え、食べ物に対しての意思表示がはっきりします。親が食べさせたいという思いが強いものほど、反発も強くなるようです。偏食矯正を強行すれば、心の傷にもなりかねないので注意が必要です。待つ姿勢を心がけましょう。

偏食を直すには

　とはいえ、偏食癖は幼少期につきます。嫌いなものを食べないままにはせず、親子で楽しみながら気長に見守りましょう。

①いろいろな食材に馴染みましょう

　子どもの嫌いな食材を、発達に応じて少量ずつ頻繁に食卓に出して、馴染みをもたせます。子どもは、初めて食べるものには戸惑いがありますので、一口だけでも食べるようにします。馴染みのある食材になっていくことで、何年後かにある日突然好きな味に変化することはよくあります。

②食卓の会話で、味の発見を楽しみましょう

　「今日のイチゴは美味しいけれど、ちょっと酸っぱいね」など、味を表現する

親の言葉が，子どもの味覚を育みます。味の発見を楽しむことができると，新しい味に挑戦する力が身に付き，生涯にわたって食生活を豊かにする源となります。

③細やかな工夫をしましょう

嫌いな食材をお菓子やカレーなど，子どもの好きなものに入れると食べられることがあります。子どもの口のなかは意外と小さいので，小さく切ることも重要です。口のなかが苦い野菜でいっぱいになることは，野菜嫌い誕生の決定的な瞬間です。

食事のときは一度にすべての料理を出すのではなく、野菜料理から順番に出すという工夫も有効です。また，お子様ランチのようにワンプレートに盛り合わせるときには，好きなものだけでお腹いっぱいになる量を出さないようにします。食事を残すときは，間食には栄養の偏りを補うものにします（レシピ参照）。

④味に素敵な付加価値を付けましょう

味覚は記憶に彩られます。味覚に素敵な付加価値を付けることは，偏食を直す最も有効な方法です。遊びのなかで野菜を育ててみたり，魚を獲ったりする体験は，偏食を直すきっかけとなります。

お店でせりや三つ葉など根がついた状態で売っているものを，茎を２センチほど残して根を切り、水を入れたコップに入れ、陽のあたる窓辺に置いておくだけでも水耕栽培が楽しめます。毎日成長する野菜を親子で観察する時間は，意外に楽しいものです。

また，小学生になったら，一尾の魚をきれいに骨だけを残して食べる技術を家族で競う（早さではなく）のも，魚を食べる楽しみを増やしてくれます。

日常の生活のなかでも，ちょっとしたことが子どもの食の参加につながります。たとえば，買い物に行き，「ドレッシング，何味にしようか？」と選択権を与え、食卓では「〇〇ちゃんが選んでくれたドレッシングだよ！　何が入っているのかな？」などと話題にするなどです。

そして，何よりもおすすめしたいのは，一緒に調理をすることです。調理は科学です。さまざまな調理の現象が子どもの知的好奇心をかきたてます。「わくわく！」「美味しい！」，そして「家族が喜んでくれた」という経験が，食に対する積極性を引き出します。

第1章　子育ては健康づくりから

実践してみよう　子どもの偏食を少なくするために家庭でできること

楽しく Cooking！

はじめは、一緒につくり、徐々に子どもが一人でできるようにしていきます。レシピは拡大コピーしてぬり絵にすると、素材の色や形を楽しめます。

だいすき♡ちょこちっぷけーき
（5.5合炊き炊飯器用）

〈ざいりょう〉・たまご 1／2こ　○ぎゅうにゅう 大さじ 3　○さとう 大さじ 2　○バニラエッセンス 5てき　○ホットケーキミックス 100g　・ぐ（チョコチップ 大さじ 4）

①すいはんきのうちがまに、ほぐしたたまごと○しるしのざいりょうをすべていれて、きべらでよくまぜます。まざったら、チョコチップをいれます。

②すいはんきのスイッチをおします。スイッチがきれたらふたをあけて、ケーキのうえをさわって、手につかなかったらできあがり。ついたらもういちどスイッチをいれます。やくじかんのめやすは、45ふんです。

ぐを、カボチャのみじんぎりや、とうもろこしにアレンジできるにゃ

まほうのにんじんさらだ
（4にんぶん）

〈ざいりょう〉・にんじん 2 ほん ・しょうゆ 小さじ 1／2 ・しお 小さじ 1／4 ○ツナかん 80g ○プレーンヨーグルト 大さじ 4 ○マヨネーズ 大さじ 1 ○こしょう 2 ふり ○ゆでたえだまめ 70g

①にんじんのかわをピーラーでむく。そのあともにんじんをピーラーでうすくけずる。しおをかけてまぜたら5ふんおく。

②①をねっとうで10びょうくらいさっとゆでる。ざるにあげてしょうゆをかけて、にんじんがさめたらみずをきる。

③おおきいボールに○しるしのざいりょうをすべていれて、よくまぜる。これに②をいれてやさしくまぜる。

ピーラーをつかうときは、こどもようのぐんてをしてにゃ

第1章　子育ては健康づくりから

つるんつるんしらたま
（4 にんぶん）

〈ざいりょう〉
・しらたまこ 20g
・きぬごしとうふ 25g
○きなこ 大さじ 2
○さとう 大さじ 2
○スキムミルク 大さじ 1

① ボールに，しらたまこときぬごしとうふをいれ，よくこねる。2 せんちくらいにまるめて，まんなかをくぼませる。
② ねっとうでゆでて，ふんわりういてきたら，つめたいみずにいれる。

③ ちいさいボールに○しるしがついたざいりょうをすべていれてまぜる。
④ ②のみずけをよくとり，③をかける。

とうふでこねるとたんぱくしつがとれるにゃ

【参考文献】
ジャック・ピュイゼ著，三国清三監修，鳥取絹子訳（2004）『こどもの味覚を育てる──ピュイゼ・メソッドのすべて』紀伊國屋書店

3 体力向上は夢中になって遊ぶことから
～体を動かすことが苦手な子と遊ぶ方法～

Question

うちの子は室内遊びが好きで，屋外で体を動かすことをあまりやりません。運動が大切だということはわかっていますが，どんな運動をどのように実施すればよいのでしょうか？

渡邊 將司
（スポーツ教育）

幼児期の運動経験は将来につながる

　幼児の日常的な身体活動はさまざまな動きで構成されるため，いろいろな活動を通して多様な動作を習得し，結果として体力も向上していきます。ところが近年は，外遊びや運動をよくやる子どもが多い一方で，ほとんどしない子どもも多いという二極化が進んでいます。また，幼少期から1つのスポーツのみをとことん実施するような運動の偏りも見受けられます。

　文部科学省が実施している全国調査では，小学校入学前に多様な運動経験をしていた子どもほど，小学5年生時点で高い体力・運動能力を獲得していることが報告されています。また海外の研究では，思春期（中学生から高校生あたり）に高い体力・運動能力を獲得していた者は低かった者と比べて，25年後（40歳前後）によりアクティブであったと報告しています。このように，幼児期にさまざまな運動を経験して多様な動きと体力を獲得することは，将来の活動的な生活や心身の健康につながるといえるでしょう。

　また運動は，数えたり比べたりする数理的能力，友だちに教えたり表現する言語的能力，どうすればできるようになるのかを考える論理的思考能力などの知的な活動をともないます。さらに，友だちと仲良くする，折り合いをつける，

協力する，励まし合う，決まりを守るなど，社会性も育むことができます。

幼児期の身体活動の特徴

　幼児の遊びは短い時間でコロコロと変わるという特徴があり，大人の視点では，幼児はいつも「動き回っている」という印象をもっているかもしれません。4歳児の身体活動を調査した研究によると，子どもたちの活動量は日によって大きく変化することなく，活動量の高い子どもは，平日も休日も全体的に高く，低い子どもは全体的に低いことを示しています。つまり，この時期にはすでに，日常的に活発な子どもと不活発な子どもに分かれ始めているのです。

　また，平日の朝から夕方までの活動パターンに着目してみると，午後よりも午前の方が高い活動量を示す傾向にありました。これは幼稚園・保育所にいる時間帯の方が，帰宅後よりも活動的であることを示しています。

　このように，幼稚園・保育所は子どもたちにとって活動的になれる場であること，家庭では活動量が低下しがちであることがわかります。特に，あまり活動的でない子どもには幼稚園・保育所と家庭の両方で意識的に働きかける必要があります。

幼児期の運動遊びのポイント

　子どもの活動量低下と，それにともなう体力・運動能力の低下を受け，文部科学省は平成24年に「幼児期運動指針」を策定しました。この指針では，「幼児が様々な遊びを中心に，毎日，合計60分以上，楽しく体を動かすことが望ましい」と提言しています。

　人間の基本的な動きは36の動作に分類できるといわれており，それらは「バランス系の運動（立つ，回る，乗るなど）」「移動系の運動（走る，跳ぶ，登るなど）」「操作系の運動（投げる，捕る，打つ，蹴るなど）」の3つにまとめることができます。難しそうに思えますが，これらの要素を含んだ運動は，日常的に，かつ手軽に実施することができ，文部科学省のホームページでも運動例が紹介されています（http://www.mext.go.jp/a_menu/sports/undousisin/1319773.htm）。

　では，「毎日60分以上」という目標は，幼稚園・保育所だけで実施するものなのでしょうか？　それは違います。幼稚園・保育所と家庭の両方で，楽しく体を

動かすさまざまな遊びを実施して達成してほしいものなのです。まず，幼稚園・保育所の特徴は，園庭と遊具があること，広い室内空間があること，何より友だちがいることです。したがって，幼稚園・保育所では集団の運動遊びを実施することができます。集団で実施することは，決まりを守ったり，協力したりすることで社会性が育つだけでなく，友だちの動きを見たり，競い合ったりすることで刺激を受けるなどの相乗効果も期待できます。

　一方，家庭ではわが子と向き合って少し難しい運動を楽しむことができます。少し難しい運動を習得するためには，集団指導よりも個別指導の方が高い効果を得やすいです。自転車に乗れるようになるために親が練習に付き合うのと同じように，さまざまな運動を教えてあげてください。特に投げる，捕る，打つ，蹴るなどの用具を操作する運動や，体を支える，登るなどの筋力を要する運動は，幼児にとって難しい運動です。このような運動は，友だちや大人がいないとなかなか取り組めません。運動が苦手な子どもは最初から上手にできないことが多く，長く続けることが難しくなります。そういうときには無理に続けさせないように心がけましょう。"ちょっと"を"継続"させることが大切です。そして最も重要なのは，できたことを"ほめて"あげることです。ほめられると嬉しくなり，もっとチャレンジしたくなります。そのような動機づけは，特に運動が苦手な子にとって非常に効果的です。

　幼稚園・保育所ではおもに集団遊びを，家庭ではおもに用具を操作する運動や筋力を要する運動を実施することが望ましいと記述しましたが，子どもたちが楽しく運動するためには，大人も運動を楽しむことが大切です。一方的な指導にならず，子どもと一緒に遊んでください。

 ## 運動が苦手な子どもでも楽しめる運動例

◯ 鬼ごっこ

　鬼ごっこは，集団で手軽に実施できる運動の1つで，長く動き続けるだけでなく，ダッシュしたり，切り替えしたり，状況を判断して仲間を助けたりするなど，

第1章 子育ては健康づくりから

さまざまな要素が含まれています。

　低年齢では，大人が子どもたちを追いかける「追いかけ鬼」で十分に楽しめます。年齢が高くなるにつれてルールを増やしていくことができ，たとえば，鬼にタッチされた友だちが次の鬼になる普通の「鬼ごっこ」，鬼にタッチされた友だちはその場で固まり，仲間にタッチされたら元に戻れる「凍り鬼」，鬼にタッチされた子は鬼と手をつなぎ，鬼が数珠状に長くなっていく「手つなぎ鬼」，そして「ケイドロ（警察チームとドロボウチームに分かれた鬼ごっこ）」などの複雑な遊びへと発展させることができます。

◯ 風船遊びからボール遊びへ

　投げたり，打ったり，蹴ったりなど，ボールを使う運動はたくさんあり，それらの動作を獲得できれば，遊びの幅が一気に広がります。ボールを使う運動で鍵となるのはうまく「捕れる」ことです。転がってきたボールを足や手でうまく捕れない場合，遠くまで転がってしまって，拾いに行くのが面倒に感じて嫌になりがちです。場合によっては危険な状況に出くわすかもしれません。

　そこで，幼少期から段階的にボールを使った遊びを実施していくことをおすすめします。いきなりボールを使うのは難しいので，まずは風船を使ったキャッチボールから始めましょう。風船はゆっくり落ちてくるので捕りやすいですし，当たっても痛くなく，室内でも遊べます。落下する風船を捕れるようになったら，お互いに打ち合って遊ぶ内容に発展させることもできます。それができるようになったら，ビーチボール，キャンディボール，カラーボールといったように，段階的に硬く，そしてサイズの小さいボールを扱っていくようにします。さらに，フライからバウンド，お互いの距離を近くから遠くにすることで運動の難易度を上げていきましょう。

【参考文献】
　中村和彦（2011）『運動神経がよくなる本——「バランス」「移動」「操作」で身体は変わる！』マキノ出版

4 1週間の生活リズムをつくる

Question

月曜日の朝はいつもぐずぐずしてなかなか起きません。ぼーっとしていたり，不機嫌だったりすることも多く，登園も度々渋るため困っています。どうしたらよいでしょうか？

Answer
青柳 直子
（教育保健）

月曜日の朝のようす

　月曜日の朝の幼稚園や保育所は，とても賑やかです。友だちと遊ぶのを心待ちにしながら登園してきた子どもたちは，園庭で追いかけっこや遊具などで仲良く遊んでいます。そのようななか，保育室でとても眠たそうにしていたり，保護者からなかなか離れようとしなかったりする子どもをよく見かけます。

　実は，月曜日の朝はいつもより機嫌が悪かったり，甘えたり，注意散漫で落ち着きがなかったり，ぐったりしていて朝の活動すらできなかったりする子どもが普段より多くなります。また，保育所では昼寝の寝付きがいつもより良い一方で，昼寝からなかなか目覚めない子どもが月曜日には増えます。子どもが朝から泣いてぐずり，欠席が多いのも月曜日なのです。いつもは元気に園庭を飛び回って遊んでいる子どもたちに，いったい何が起きているのでしょうか？

平日と休日の生活サイクルのズレ

　平日は登園後，朝の活動，おやつ・給食，昼寝や午後の活動など，登園から降園までほぼ決まった園の生活サイクルで過ごします。しかし，休日

（週末）は保護者とともに1日を過ごすため，保護者のペースに合わせた生活を送ることになります。休日に保護者が深夜まで起きていたり朝寝坊をしたりすると，子どもも同じように遅寝遅起きになりがちです。

また，休日は家族で出かけることも多いため，夜遅くに帰宅した場合は入浴や就寝時刻が遅くなり，睡眠不足になりがちです。翌朝もなかなか起きられないため，朝食も摂らず，排便もできないまま登園する子どもが増えます。「子どもは疲れ知らず」とよくいわれますが，このように休日を大人（保護者）のペースで過ごした子どもたちは，休日明けの月曜日の朝には疲れ切った状態で登園することになるわけです。

まずは1日の生活リズムを整えよう！

子どもの健やかな成長には規則的な1日の生活リズムは欠かせません。健康的な1日の生活リズムの確立には何が必要なのか，改めて考えてみましょう。

基本的な生活習慣である睡眠，食事，排泄は相互に関連しています。たとえば，起床が遅くなると朝食欠食が増えるように，睡眠リズムが崩れれば食事のリズムが乱れ，逆に食事のリズムが乱れれば睡眠リズムも崩れます。食事や睡眠リズムが崩れれば朝の排便ができなくなるなど，排泄リズムにも影響を及ぼします。身体機能のリズムは相互に密接な関連があるため，1つのリズムが崩れると他のリズムも乱れてしまうのです。

さらに，これらのリズムの調節に大きく影響するのが運動（身体活動）です。運動が日中に十分に確保されていることが，生活リズムの形成において重要となります。このように健康的な1日の生活リズムは，睡眠，食事，排泄や運動の規則正しい習慣の形成が基盤となるのです。

子どもの生活リズムは家庭の生活サイクルによってつくられます。大人の夜型生活や休日の過ごし方で，子どもの生活リズムは容易に崩れてしまいます。規則正しい生活習慣を身に付けることは，子どもの健やかな成長をうながし，精神面や社会性の自立の芽生えを養うことにもつながります。園と家庭が協力し合い，子ども自らが健康的な生活リズムを実践できるような支援を心がけていきましょう。

子どもの生活リズムを整えるために家庭でできること

健康的な生活リズムのために①【運動】

早起きの子どもは日中の活動量が多く、就寝時刻が早いことがわかっています。また、日中の活動量は起床時の自然覚醒や機嫌の良さ、普段の体調の良さとも関係があるといわれています。つまり、昼間にたくさん体を動かして遊んでいる子どもは早寝早起きで、朝は自分で自然に目を覚まし、寝起きの機嫌も体調も良いということです。

このように子どもが夜ぐっすり眠って、朝すっきり目覚めるためには、日中の過ごし方（活動）がとても重要となります。少ない時間でも工夫して、日中は園庭や公園などの戸外でたっぷりと楽しく体を動かして遊ばせるようにしましょう。一緒に遊ぶ友だちの数が多いほど活動量も増えます。このため、鬼ごっこなどの全身を使った多人数での運動遊びもとても効果的です。休日も積極的に親子での戸外の運動遊びを取り入れましょう。

健康的な生活リズムのために②【食事】

子どもの日中の活動を支える源として朝食は重要です。毎日の起床時刻や就寝時刻が決まっている子どもは、不規則な子どもと比べると朝食時の食欲が旺盛です。一方、起床時刻が7時を過ぎると朝食欠食や孤食（一人で食事をすること）の子どもが増えます。家庭において決まった時刻に食事を摂るようにすることは、食後の排泄（排便習慣）や早寝早起きにつながるため、規則的な食習慣の確立は生活リズムの調整において重要です。

保護者と子どもの食習慣には関連があり、特に母親の食生活に問題がある場合には、子どもの食生活にも多くの問題がみられることがあります。このため、保護者自身の食習慣を一度見直してみて、必要があれば改善していくことも大切です。

夜十分に眠ることができれば、昼間の活動も積極的に行えるようになり、昼間にたくさん活動すれば、お腹が空いて食欲も自然と旺盛になります。睡眠、活動、

食事の良いサイクルをつくるには、まずは毎朝の食事を規則的に摂ることから始めてみるとよいでしょう。

⬡ 健康的な生活リズムのために③【睡眠】

家庭でテレビやインターネット、ゲーム機器などの映像メディアを使用する時間は増えており、その影響は子どもにまで及んでいます。たとえば、テレビ視聴が長時間である家庭ほど子どももテレビを長く観ており、就寝時刻は遅くなります。結果として睡眠時間は短くなり、朝食欠食にもつながります。

また、就寝時刻が不規則になると心や体の不調の訴えや、寝付きの悪さといった睡眠にかかわる問題が多くなります。家庭で深夜までテレビやゲームなどのメディアに長時間接したり、休日に夜更かしや朝寝坊したりするようなことは控えるべきでしょう。

子どもの健やかな成長には規則的な生活リズムの形成は欠かせません。これまで述べてきたように、生活リズムには睡眠、運動、食事など、生活全般が密接に関連し合っています。幼児期の生活基盤は家庭であり、家庭環境、すなわち保護者の生活習慣に子どもは日々大きな影響を受けています。子どもが幼稚園・保育所での活動を毎日存分に伸び伸びと行うための土台となる健康的な生活リズムを身に付け、継続して実践していけるよう、保育者と保護者とが連携しながら子どもの生活リズムについて考えていくことが必要です。

【参考文献】
鈴木みゆき（2005）『早起き・早寝・朝ごはん——生活リズム見直しのススメ』芽ばえ社

子育てお役立ちコラム①

学力の向上と基本的な生活習慣

杉本 憲子（教育方法）

いきいきと遊びや学習に取り組むために

　子どもたちの学力と生活習慣のあり方には，どのような関係があるでしょうか。近年，子どもたちの学習を支える基盤として，食事や睡眠など基本的な生活習慣の重要性にも関心が向けられています。文部科学省の全国学力・学習状況調査によると，「朝食を毎日食べていますか」という質問に肯定的に回答した児童・生徒の方が，学力調査の平均正答率が高い傾向がみられるという結果が報告されています。生活習慣の確立・生活リズムの向上に向けて、各家庭だけでなく，地域社会で取り組む「早寝早起き朝ごはん」運動なども展開されています。

　朝食を摂ることは，午前の活動に必要な栄養素やエネルギーを補給し，集中して学習や活動に取り組むことや，規則正しい生活リズムをつくることをうながします。しかし，就寝が遅くなると，朝もなかなか起きられず，朝食を摂る時間がないまま慌てて登園・登校することにもなります。結果として，遊びや学習に集中して取り組むことができないといったことが生じます。日中にしっかりと頭や体を働かせて活動することで，食欲がわき，早めの就寝・起床へと良い生活リズムをつくることにつながります。

　とはいえ，家族の帰宅時間が遅かったり，生活時間・スタイルも多様化している今日，規則正しい生活習慣づくりはそう容易ではありません。そのようななかで，学力向上のためにきちんとした食事を準備しなくてはと頑張り過ぎてしまったり，食卓が勉強への期待や緊張感を感じ取る場になってしまったりするのも好ましい状況とはいえないでしょう。それぞれの家庭の状況に応じた無理のない工夫や家庭内の共通理解を図りながら，子どもたちが日々の活動への活力を保つことができるような生活習慣づくりを心がけたいものです。

コミュニケーションの場

　食事や睡眠をはじめ基本的な生活のリズムをともにし、繰り返していく家庭の営みには、体に必要な栄養やエネルギーを得るという側面のみでなく、互いのコミュニケーションの場としての意味もあります。

　1日の疲れや空腹感、食事を摂って満たされる感覚をともに味わうこともその1つでしょう。また、そのなかで「お腹が空いたなぁ」「美味しいね」「今日は疲れちゃったなぁ」「こんなことがあってね」など、いろいろな会話が交わされ、話が広がることもあるでしょう。また、良いこと、楽しかったことばかりでなく、ネガティブな感情も含めて、素直な自分の思いを表現してもよい場があること、自分の声に耳を傾けてくれる相手がいることは子どもの安心感につながると考えます。慌ただしい毎日のなかで、いつもゆったりと構えて受け止めることは困難ですが、子どもならではのものの見方や感受性が、ときにこちらの硬くなった構えをほぐしてくれることもあります。

　長い目で見ると、素直な自分の思いや素朴な気づき、不思議だな、やってみたいといった好奇心などを肯定的に受け止めてもらえるという実感や、自分の思いを表現し、聞き合う日常的なコミュニケーションの経験が、新しい世界や他者との出会いに開かれる基盤となり、その後の子どもたちの学力・学ぶ意欲を育てていく上でも大切だと思います。

【参考文献】
　文部科学省・国立教育政策研究所（2014）『平成26年度全国学力・学習状況調査報告書　調査結果資料』

第 2 章
表現する力が子どもを伸ばす

1 一緒にダンスを楽しもう！

Question

子どもは，音楽やリズムに合わせて，表現する（歌う・踊る）ことが大好きです。音楽がかかったり，リズムをとったりすると自然と体が動き出してしまいます。子どもたちがダンスに夢中で取り組むために、具体的にどのような要素（エッセンス）の表現を入れたらよいでしょうか？

Answer
大津 展子
（体育科教育）

即興で表現しよう！【身体コミュニケーション】

まずは，体をほぐしましょう。スポーツをする前には，かるく体を動かしたりストレッチをしたりして筋肉をほぐします。そうすると，体が動きやすくなり，けがの予防にもなります。ダンスで体をほぐすには，このような効果に加え，表現するときの恥ずかしい気持ちを緩和し，体と心を「踊れる状態」にするというねらいもあります。そのためには，友だちや親子一緒に，音楽に合わせて止まらずに動き続けるという方法（即興）がよいでしょう。「即興表現（improvisation）」とは，直観的に捉えたイメージをその場で次々と思いつくまま表現することですが，ずっと同じ動きをしていては面白くありません。そこで，動きに「くずし（変化）」を入れると，バリエーションも多彩になり，何回踊ってもいつも楽しく生き生きしたダンスができあがります。ぜひ，次の4つの「くずし（変化）」のポイントを試してみてください。

4つのくずし（変化）

4つの「くずし（変化）」とは，①空間（場），②リズム，③体，④人間関係（相手との位置・関係）の4つに変化をつけて動くことです。たとえば，①空間（場）のくずしとは，複数の人（2人や◯人グループ）が同じ場所で同時に踊るとき，人のいないところに移動したり，他の人と異なる高さになるよう立つ・転

がる・這うなどして動き続けるものです。②リズムのくずしとは，素早く動く・急に止まる・ゆっくりスローモーションで動くなど，動きのリズムやスピードを変えながら動き続けるものです。③体のくずしとは，体をいっぱいにねじる・回す・転がす・大きく跳ぶなど，体の状態をいろいろ変えて，普段はしないような体勢をし，ギリギリ感に挑戦します。④人間関係（相手の位置・関係）のくずしとは，2人で引っぱり合ってバランスをとる・1人がもう1人の下をくぐる・もたれ合う・おんぶするなど，1人ではできない動きを入れます。これも，もうこれ以上は無理と思うところまで体を使い，ギリギリ感を出すと面白いでしょう。

空間（場）のくずし
脱・体操の隊形！ 人のいない方へ，いない方へ！ 床も使い，高さも活用しましょう！

体のくずし
「ぐにゃぐにゃ」「ピンピーン」など，オノマトペをフル活用！ 特に「ねじる」を入れると効果的です。また，回る，ジャンプする動きも入れましょう！

リズムのくずし
「速く」「ゆっくり」「急に止まる」を上手に組み合わせてメリハリをつけましょう！

人間関係のくずし
「くっつく」「離れる」「くぐり抜ける」「まねし合う」「鏡（反対の動き）」など，1人ではできない動きに挑戦してみましょう！

２人組（親子）で「即興」表現してみよう！

コーヒーカップ

ぐるぐる回る〜

スキップ

スキップしながら移動〜

ぶつかりそうになったらくぐる！

ヘリコプター

右手と右手（左手と左手）をつないで回る！

背中でお話

背中でお話〜

ゆらゆら

足を持ってだんだん大きくゆらす〜

くぐり抜け

走ってきて相手の体の間をくぐる〜

足の踏み合い

踏まれそうになったら逃げて！攻撃するときは前からも横からも後ろからも！

おんぶで移動

おんぶか肩車で移動〜

ジャンプで交代

右手と右手（左手と左手）をつないで「せーのっ」でジャンプして場所を交代！

転がる

コロコロ転がしてあげましょう！

〈音楽例〉ポルノグラフィティ「アゲハ蝶」

第2章 表現する力が子どもを伸ばす

　園などで行う場合，先生のリードでこれらの素材を順番に行います。自宅などで行う場合は，コミュニケーションや遊びの1つとして行ってみてください。これらの動きを行ってみると，「こんなことが楽しいの！？」という発見がたくさんあると思います。子どもは楽しいと感じたことは，「もう1回」と必ず主張してきます。特に，家族でチャレンジする際に，「もう1回」と要求してきた動きは，子どもたちが欲求充足するまで繰り返してあげてください。

実践してみよう　子どもたちを夢中にさせるダンスのエッセンス

○○にへんしん！【まねっこあそび】

　幼児期の子どもたちは，心も体も柔軟です。何かになりきって遊んだり，律動的に体を弾ませたりすることが大好きです。また，目の前の具体的なもののマネをしてみたり，形の変化や動きの特徴を具体的に捉えやすいものに置き換えて変身したりするのが得意です。加えて，関心が次々に移っていくという発達特性もあります。これらの発達特性を上手に活かし，即興表現を楽しみましょう。

①身近なものを使って，そのイメージを表現し，その動きの面白さを体験しよう！

新聞紙		風船	
丸める：クシャクシャ	破る：ビリビリ	ふくらませる：プーッ	飛ばす：フワーン
張る：ピンピーン	揺らす：ヒラヒラ	空気を抜く：ピュー	割れる：パンッ（バン）
飛ばす：フワ〜		こする：キュッキュッ	

予測不可能＝スリリングな面白さ♪

②具体的な動きがわかりやすい題材を使って，なりきって動こう！

動物

ペンギン・ぞう・ライオン・カンガルー・サル・カニ・タコ・うさぎ・ネコ・いぬ

ポイント

「○○になっておさんぽ」しながら，ツルツル滑ってしまったり，地震が起きてユラユラ揺れたりするストーリーをつけましょう。面白さ倍増です。ここでも4つのくずしをお忘れなく。特に，人のいない場所を使うようにすることと，高さを変えることを伝え続けるとよいでしょう。

遊園地

コーヒーカップ：ぐるぐる回る動き
ゴーカート：カーブの運転の動き
ジェットコースター：ゆっくりのぼる動き
　　　　　　　　　　速く落ちる動き

ヒント

これらに乗ったときのさまざまな動きのパターンにチャレンジしてみましょう！たとえば，「激しい感じ」「ゆっくりの感じ」「急に○○（事件）が起きた感じ」など，大げさな変化をつけると子どもたちは夢中になって取り組みます。

〈音楽例〉ORANGE RANGE「以心電信」

⬢ ワハハダンス【誰とでも一緒にできるダンス】

2人組で踊るダンスを紹介します。誰にでもすぐに踊れ，園児から大人まであらゆる機会で楽しめます。曲がかかったら，2人で手と手を取り合って弾んだり移動したりします。教師の合図，もしくは1番の歌詞が始まるのと同時に，37ページの①に入ります。①に入る前の教師の合図はタンバリンをたたきながら「1・2・3・4」とタイミングをとるとよいでしょう。①〜⑤が終わったら，別のパートナーを探し，また①〜⑤を踊ります。この繰り返しです。「ワハハダンス」実施のポイントは，おへそから弾む・リズムが合っていれば間違ってもOK・ペアの相手と目と目を合わせて踊る・かけ声（小さい波・大きい波・Xエックス・キュッキュッキュッ）をかけることです。また，指導の際には，最初は音楽をかけずに大きな流れで①〜⑤を通して踊ることを大切に。そして，1回ペアになった人とは再度ペアにはならないルールを設けるとよいでしょう。「ワハハダンス」は，教師がみんなの見える位置で一緒に踊っていること，①〜⑤すべて2回ずつ繰り返すことで，間違えても恥ずかしくなく，誰とでも楽しく踊って交流できるというのが最大の特長です。

第2章 表現する力が子どもを伸ばす

①右手同士で「パン」，左手同士で「パン」！ 自分の後ろ，前，両手でペアの手を「パン・パン」

⑤頭の上で手を取り合って，くるっと相手を回してあげて，回してもらって，「さようなら」

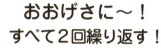

おおげさに〜！
すべて2回繰り返す！

②2人でスキップで回り，正面に戻って，1回拍手

③向かい合って，小さい波（右手），小さい波（左手）。次は大きい波（右手），大きい波（左手）

④向かい合って，手を斜め上へ。次に足を開いて「X」。小さくなって「キュッキュッキュッ」

〈音楽例〉TOKIO「みんなでワーッハッハ」

【引用・参考文献】
　高野牧子（2015）『うきうきわくわく 身体表現あそび——豊かに広げよう！ 子どもの表現世界』同文書院
　村田芳子（2011）『新学習指導要領対応 表現運動・表現の最新指導法』小学館
　村田芳子（2012）『めざせ！ ダンスマスター① 表現・創作ダンス』岩崎書店

2 絵は描いているときが一番楽しい

Question
子どもはお絵描きに興味があり、「やりたい!!」といって描き始めるのですが、すぐに飽きてしまい、私が仕上げてみせることが多いです。最後まで一緒に描きあげたいと思っていますが、よいアイデアが見つかりません。それとも、まだ年齢的に早いのでしょうか？

Answer
片口 直樹
(美術教育)

描くことは好きなのに，仕上がらない！？

興味はあるのに，途中で描画活動を投げ出し，親に「やって」という子どもがいます。また，絵を途中で塗りつぶすなど，集中力が途切れるといったケースも見受けられます。これは，早い段階で，十分に描画を楽しんだことに満足し，途中で他に興味が移ったということが原因だと考えられます。つまり，飽き性なのではなく，絵の「完成」が目的ではなかっただけということです。

それでは，このような子どもの心境を受け止めるには，どのようなことを理解しておくべきでしょうか？

このとき，発達段階における「幼児の造形」について理解しておくとよいでしょう。いうまでもなく，子どもが突然，大人のような描き方をするわけではありません。体や精神の発達にともなって，徐々に子どもの絵に変化が現れてくるのです。それぞれの特徴をある程度把握しておけば，理解に一歩近づくことができるでしょう。ただし，あくまで一般論としての理解とするべきです。

たとえば，なぐり描きの時期（1歳半〜2歳半頃）から象徴期（2歳半〜4歳頃），図式期（5〜8歳頃）といったように，めまぐるしく絵の特徴は変化していきます。そこには当然，大人の物差しでは計り知れない，子どもならではの感覚や想像的視点があります。子どもにはそう見えている（感じている）と捉える

とよいでしょう。

　特徴として、ひとり言をいいながら描いたり、描いたものを親や先生に見せてお話しすることも挙げられます。それで満足し、もうその作品自体には興味がなくなるのです。好奇心旺盛な子どもは、1つのものを終えると同時に、次へと興味が移っていきます。このように、子どもにとっての絵を描く喜びは、いわゆる、「完成」させることだけにとどまらないようです。

描くプロセスを大切にする

　たとえば、「すいぞくかんでサメを見てきたよ!!」といって、サメの絵を描く子どもがいます。その感動を伝えるために、思い出しながら、没頭して絵を描くようすがうかがえます。この、サメを想像して描いているときが、まさしく創造的な瞬間だと捉えられるでしょう。「伝えたい！」という気持ちが、夢中になって描く行為に変化し、その絵を通して、他者との会話が始まります。ここで、はじめて「完成」を迎えることになるのです。

　そのため、幼少期のお子さんに対しては、絵を仕上げさせることだけにとらわれず、没頭して描いている姿を見守り、お話が始まれば、ほめる、認める、励ますことで、その子の「絵を描いている時間」を充実したものにしてあげることが大切です。そうすれば、おのずと子どもの意欲が増し、次の表現へとつながります。まさしく、この絵を通したコミュニケーションによって、自分の思いを「表現する力」が育まれていくのです。

　もちろん、一緒になって描くことは素晴らしいことです。アイデア不足ならなおさらです。なぜなら、絵が苦手だと感じている保護者や保育者ほど、自らの努力と自由な発想によって、型にはまらない独創的な表現を導き出すことができるからです。ともに遊び、学ぶ姿勢を見せながら、成長していく過程を共有することが、何よりも、子どもにとっての栄養となるのです。

遊びを取り入れた描画活動

⬢ 絵の具遊び

　色の感覚を豊かにする遊びとして,「絵の具遊び」があります。子どもが主体的に遊びながら,直接的に色を味わうことができる最適な方法です。

　まず,白い画用紙と水溶性絵の具を準備します。すると,さまざまな方法で子どもたちは遊び始めます。たとえば,絵の具を素手に取り,指で線を引いたり手形をつけたりします。このような行為は,もうすでに立派な描画技法と呼べるのです。手形をスタンプのように何度も反復してつけていくのは,スタンピングといわれる1つの技法として認知されています。また,絵の具をのせた紙を折りたたみ,広げることによるデカルコマニー（合わせ絵）という技法もあります。これらは子どもの遊びのなかでよく見受けられる行為ですが,夢中になって何度も繰り返すことで体得している表現技法といえるでしょう。このようにして,ドリッピング,スクラッチ,フロッタージュなど,発展的にさまざまな技法を発見していきます。つまり,子どもは繰り返す遊びから学んでいるのです。

　時折,絵の具に混ぜる水の量を調整するよう助言したり,使用する色を限定せず,自由に混色させるとよいでしょう。ただ紙をクシャクシャに丸めて広げるだけでも,面白い効果が生まれます。最終的には濁った色になりますが,そこに至るまでのプロセスのなかで,色の変化を直接的に味わうことができます。これにより,無限の色体験が可能になるのです。ホワイト段ボールのような厚い板紙に絵の具遊びをしていくと,途中から折り曲げたり,破いたり,重ねたりと,いつの間にか,平面から立体へと活動は展開していきます。このように,色体験には豊かな感性を育てる要素がたくさんあるのです。

⬢ 出会いの場

　「絵の具遊び」でつくった色や形の上に,クレヨンで絵を描いてみましょう。真新しい白い紙に描く場合とはまったく違う表情をみせるはずです。すでにある色や形から,子どもたちは敏感に「何か」を感じ取り,思いもよらないイメージ

をふくらませてくれることでしょう。描くことが苦手であれば、ハサミで切ったり、手で破いたりして、いろんな色や形の組み合わせを楽しみながら、糊で貼り付ける（コラージュ）のもよいでしょう。あらかじめ、シール状になった紙に絵の具遊びをしておけば、簡単に切り貼りすることができます。

　いずれにしても、絵を描くにはその題材となるような感動体験が必要です。そのためには、たくさんの「出会いの場」を与えてあげることが、われわれ大人にできることではないでしょうか。子どもの想像の引き出しを増やしてあげることによって、創造的な人間へと、近づいていくことができるのです。

　また、子どもの絵を見るにあたっては、まず保育者自身が子どもの気持ちになって、絵を楽しむことが大切です。子どもと一緒に体験を共有すれば、称賛や援助の言葉も自然と浮かんでくることでしょう。

みんなの絵

　「みんなの絵」では、友だちとのかかわりによって、遊びの要素が一段と強くなり、身体性を超える大きな描画体験が可能になります。たとえば画用紙や模造紙をテープでつなげて、一枚の大きな紙を準備します。大きさは、子どもたちの人数や目的（誕生日会の装飾など）に合わせて調整するとよいでしょう。また、形は四角でも丸でも構いません。意図しない形に切り取っておけば、より子どもたちの自由な活動を導き出すことができるでしょう。紙は、壁に貼っても床に敷いても、どちらでも問題ありません。それらの違いを楽しむことができれば、また新しい発見につながっていきます。それぞれが好きな色を持ち寄って、みんなで白い画面を埋めていくだけでも充実した体験となります。お話が苦手な子どもも、積極的に参加することが可能です。

　このような、絵を通した交流のなかに、「学び合いの場」が生まれているのです。

【参考文献】
　東山明・東山直美（1999）『子どもの絵は何を語るか——発達科学の視点から』日本放送出版協会

3 集中力と思考力を育てるものづくり
～ものづくりの楽しさを味わおう～

Question

幼児期の子どもは，ものづくりを通してどんなことを学んでいるでしょうか。また，どんなものを使ってものづくりをさせるのがよいのでしょうか？

Answer
臼坂 高司
（技術教育）

ものづくりという遊びのなかで育てる集中力

「お話を最後まで聞きましょう」「さっきまで遊んでいたことは忘れましょう。今はお勉強をする時間です」と幼児にいっても，集中させることは簡単ではありません。これは注意力や集中力が十分に発達していないためです。しかしその一方で，自分のやりたいことや楽しいことが見つかると夢中になってしまい，やめさせるのに苦労したという経験をおもちの方も多いと思います。幼児期に時間が経つのも忘れて遊びに集中することは，成長過程で大切なことです。ここでは集中力を育てる方法（正木ほか，1979：pp.331-333）を紹介します。

集中力を養うために，手を使ったものづくりは大変よい学習になります。多くの幼児にとってものづくりは楽しいことです。絵を描くことは嫌いでも，工作が嫌いという幼児は少ないでしょう。つくったものが遊びに使えるとなれば，つくる楽しさは倍増します。そして，つくって楽しかったという経験をすれば，次につくる意欲につながります。

つくるときには，道具を使うことが必要になります。木材でものづくりを行う場合，金づちで釘を真っすぐ打ち込むことや，作業を補助する道具（ジグ）を使ってノコギリで切る

ことができれば，5〜6歳になると1時間半〜2時間程度集中してつくることができる幼児も多くなります。遊びに使えて，強度のあるものを幼児自身がつくり出せるように大人が下準備をしてあげることで，「やりなさい」といわなくても幼児は集中してできるようになります。

思考力を育てるものづくり

　ものづくりでは，いろんな道具を使います。幼児にとって道具は魅力的であり，夢中になって遊ぶでしょう。しかし，道具の使用自体が目的になってしまっては，道具の使い方は上手になりますが，思考力は育ちません。ここではものづくりを楽しみながら，思考力を育てる方法（前掲：pp.334-336）を紹介します。

　たとえば，木材を使って飛行機をつくるとき，最初はごく簡単な十字形のものが多くなります。「ブーン」といいながら，手でもって走り回っています。この段階でも，飛行機をつくろうと思い，どんな形がよいか幼児なりに考えています。そのうちに，十字形ではもの足りなく感じるようになってきます。もし，もの足りなく感じない場合は，大きく切った材料を用意してあげるのもよいでしょう。長い木材で十字形をつくると，単純すぎてもっと工夫したくなってきます。すると，飛行機にはどんなものを付けたらよいか考えるようになります。飛行機は左右対称になっているなど，つくっているものの特徴に気づかせてあげることが大切です。

　こうした活動を通して，頭のなかでより複雑な形を描けるようになっていきます。すると，あらかじめ準備された材料では，自分の満足のいく形がつくれないことに気づき，材料をノコギリで切ろうとします。飛行機の頭に三角形に切った板をつけたり，形も複雑化し，バランスのとれたものがつくれるようになっていきます。さらに，遊んでも壊れない強度のあるものを考えるようにもなります。そして，立体的なものへと発展します。平面的な形を考えるよりも，立体的な形を考える方が難しくなります。つくる形が複雑になれば，頭のなかで組み立てるとき，順序立てて考えないとうまくつくれませんから，ものごとを順序立てて考えていく思考にもつながります。

　集中力と思考力を育成するために，木材を材料としたものづくりと，簡単に立体を描くことができる「3Dペン」を紹介します。

幼児期のものづくり

◯ 木材を使ったものづくり（ひとりでつくる）

　紙やストローなどを使って遊べるものをつくることもできますが，壊れやすくあまり大きなものはできません。その点，木材は丈夫な材料であり，工夫しだいで，小さなものからそれなりに大きなものまでつくり出せます。集成材（節がなくて加工しやすい木材）や豊富なサイズから選べる合板はホームセンターなどで比較的安価に入手できるのでおすすめです。

　木工作を例にみていきましょう（前掲：pp.323-324）。たとえば，金づちは幼児でも使うことができる道具の1つです。金づちを使うときは，木片にキリで穴を空けて釘を指で支えなくてすむようにしておき，トントンと打たせます。金づちが釘の頭にうまく当たらないことを繰り返しながら，こうすればうまく打てるということを体得していきます。子どもは金づちを使うこと自体が面白くて，トントンやるでしょう。

　しばらくすると，木片の重ね具合によって形らしいものができます。「ベッドみたい」「ロボットみたい」とその過程で偶然見えた形を口にすることもあります。子どもはこうした経験を通して，「○○をつくろう」という意識をもちます。この段階では，つくっている途中で作品が変わることもよくあるので，「何をつくっているの？」と問いかけて，何をつくろうとしているのか意識させましょう。

　次の段階では，自分のつくりたいものを考えてつくれるようになってきますが，つくりたいものの形を大まかにしか組み立てられない状態から，細部にわたり構成しうる状態まで含みます。このときは，つくるものを前もっていわせたり，絵に描かせたりするとよいでしょう。

　個人差や経験にもよりますが，3～4歳から始めるとほとんどの幼児は5～6歳までにつくりたいものの形を大まかに頭のなかで組み立てられるようになっていきます。

◯ 木材を使ったものづくり（みんなでつくる）

　個人での木工作ができるようになってくると，次はグループで協力して中型や大型のものをつくれるようになります。たとえば，大きさや形を決めるところから全部幼児たちに考えさせて車をつくってみましょう（前掲：pp.324-330）。木材をくり抜いてつくった車輪を見せることにより，幼児はつくるものを思い浮かべやすくなります。

　大人が「こうしましょう」といってしまうのではなく，幼児に考えさせることが大切です。大型のものをつくる場合は，大人はつくるものの基本的構造についての見通しをもっていることが必要です。そしてつくったあとで，十分に遊べるものができるように，必要に応じて幼児に問いかけて考えさせてください。力を合わせてつくったもので遊ぶことは，幼児にとって大変大きな喜びになります。

◯ 3Doodler（空中に絵を描ける世界初の 3D ペン）

　「3Doodler」は簡単に立体を描くことができるペン型 3D プリンター（ナカバヤシ，2015）です。ペン先から熱くなったプラスチックを押し出して，急速に冷やすことによりしっかりとした立体をつくり出すことができます。たとえば，そのまま 3D を描くように立体をつくったり，子どもが紙に描いたものをなぞり，それをはがして形をつくったり，またパーツをつくり，それらを組み合わせることもできます。

　熱したプラスチックが冷えてすぐに固まる不思議さだけではなく，このペンを使うことで 2D から 3D の世界へ飛び出すことができます。子どもたちは自分の好きなもの，たとえば動物や乗り物，キャラクターなどを夢中になってつくることで，遊びながらものづくりの楽しさや面白さを学ぶことができます。

【参考文献】
正木健雄ほか（1979）『講座日本の学力〈8 巻〉身体・技術』日本標準
ナカバヤシ株式会社 "空中に絵を描ける世界初の 3D ペン"．「3Doodler」公式サイト．2015．http://the3doodler.jp/（参照 2016-06-17）

子育てお役立ちコラム②

楽しく歌おう

谷川 佳幸（音楽教育）

子どもの歌声

　子どもたちが元気に歌っている姿を見るのは，気持ちの良いものです。生きていることの喜びを全身で表現しているかのような声は，何にも代えがたい輝きをもっています。また，西洋でも東洋でも楽譜に頼らないことが歌唱の基本で，まだ音楽を勉強する前の子どもの歌は，歌唱の本来の姿ともいえます。

　オペラの本場イタリアでは「コレペティトール」という職業があり，これは歌手に歌を教える専門家です。日本では声楽教師が発声から曲までみますが，西洋では伝統的に発声は発声の専門家が，曲はコレペティが教えます。私のイタリア人の知り合いの家にも，オペラの新しい役を勉強するために週２回コレペティが来ていました。その練習方法は，コレペティが歌ったことをコピーするように何度も繰り返して歌い，その場で覚えていくというスタイルです。楽譜を見て音をとるのではなく，耳で聴いて覚えたことを口から出すという，とてもシンプルな手法ですが，これこそが身体から声を出す秘訣の１つなのです。これを見て，私は日本で園児がやっていることと同じように感じました。

　しかし，この方法を実践した保育所や幼稚園，小学校低学年を担当する先生方から「ちゃんと音程がとれない，がなっているだけできれいな響きにならない」と相談を受けることが度々あります。それに対して，いくらか効果があるだろうと思われるアドバイスをしますが，心のなかではいつも「それはあまりにも難しい問題です」という声がこだましています。

ドレミ

　私たちは生まれたときからドレミの音楽に親しんでいますし，学校でもおもにドレミの音楽を勉強します。そのため，当たり前のように「音楽はドレミで成り立っている」と思っています。でも実は，日本人にとってドレミのメロデ

ィーに日本語を乗せて歌うことは、非常に高度なことなのです。私が思うに、それは日本料理をナイフとフォークで食べるくらい異質で難しいことなのです。しかし、勤勉な日本人は、なんとかドレミの音楽を取り込もうと努力し、逆に西洋料理を上手に箸で食べるようにアレンジしてきました。

　具体的な話にしましょう。種類は違いますがイタリア語にもドイツ語にもアクセントがあります。イタリア語の「アッチェント（アクセント）」という語には「言葉」という意味があり、西洋の言語がアクセントと密接に関係していることがわかります。このアクセントが、いわゆる強拍となり、そこに拍子が生まれるのですが、日本語にはこのような強拍というものが存在しないため、拍子も生まれにくいのです。

　実際、明治期の日本人にとって西洋音楽は、「なぜギックリシャックリ、不意に切断するのか、了解できぬ」ものだったようです。つまり、3拍子や4拍子という音楽は、日本人には音楽と思えないものだったわけです。それでも世界と肩を並べるために、日本は西洋音楽を輸入し猛スピードで吸収しました。日本語から自然に生まれていた音律や拍感ではなく、西洋の言語から生まれたドレミを使ってメロディーをつくり、そこに無理矢理日本語を乗せようとしたのです。

　ドイツ語やイタリア語の詩を、少し大げさに声を出して読んでいくと、自然にリズムができ、明確な高低差、つまり音程がついてきます。日本語では、そうはいきません。ドレミに日本語を乗せるには、かなり意識的な高揚感が必要になります。

待ちましょう

　こうした理由から、子どもたちが日本語とドレミを上手に融合できるようになるには、西洋の子どもたちよりも長い時間がかかるのは当然のことなのです。初めのうちは音程にハマらなくて当たり前だと考え、急いで強要することなく、子どもたちが少しずつドレミの音程を感じていくのを待ってあげましょう。そのためにも、しっかり声を出して歌うのが楽しいと思える雰囲気を周りの大人がつくってあげることが大切です。

第3章

遊びのなかで「言葉」「数」を育てる

1 「ことば遊び」が言葉の力を成長させる

うちの子は他の子どもに比べて，言葉が遅れているように感じます。何か言葉をうながすような，特別な訓練をした方がいいのでしょうか？

細川 美由紀
（発達心理）

「言葉が遅い」って，どういうこと？

よく，幼稚園や保育所の先生，保護者の方から「言葉が遅い」という声を耳にしますが，「言葉が遅い」とはどのような状態を指すのでしょうか。どうやら，そのお子さんの話す言葉が他の子どもよりも少ないと感じたときに，「言葉が遅い」という表現が使われることが多いようです。

しかし，子どもが「話す」ことができるようになるためには，さまざまな基礎となる力が必要となります。まず，話すことができるようになる前提として，その言葉を「理解する」ことが求められます。そして言葉を理解するためには，言葉を「耳で聞く」ことが必要になります。また，話すことは，言葉を発音するための口や舌の動かし方や息の吹き方など，運動の要素もかかわってきます。このように，「話す」ためにはおもに音声を知覚することと表出することの2つの能力が必要です。

加えて，言葉は他の人とコミュニケーションをとる手段として，重要な役割を担っています。コミュニケーションの発達は，言葉を話すようになる前から，表情，視線，身振り手振りなどを使用することから始まり，身近にいる大人との間での言葉を使ったやりとりへと発展していきます。そのなかで，子どもが大人と嬉しい，悲しいといった感情を共有することや，やりとりを楽しむことによって，言葉も育まれていきます。

以上のように「話す」ことができるようになるには，耳で聞くことや話すための運動動作，大人とのかかわりなど，さまざまな要素が関係しています。言葉がいくつ出ているか，といったことだけに注目せず，その背景にあるものをバランスよく育てていくことが大切となります。

自由に楽しく遊ぶことが成長へのカギ

　それでは，先に述べたような力を育むにはどのようなかかわり方が大切になるのでしょうか。内田と浜野（2012）によると，子ども中心の保育で，自由遊びの時間が長い幼稚園や保育所の子どもの方が，そうでない子どもに比べて，語彙の力が高いことが報告されています。

　さらに，親のしつけのスタイルをみると，「共有型しつけ」（子どもと楽しい経験を共有することを重視するスタイル）を受けている子どもの方が，「強制型しつけ」（罰を与えるなどのしつけを多用するスタイル）を受けている子どもより語彙力が高かったことも合わせて報告されています。加えて，親から「共有型しつけ」を受けてきた子どもたちは，小学生になってからの国語の成績も良かったそうです。

　この報告から，大人の側から強制的に遊びや活動を提示するようなかかわりよりも，子どもが遊びたいものを自由に遊ばせ，大人は子どもが感じる楽しさを一緒に共有することが，言葉を育てるには大切だということがわかります。

　そのため，子どもの言葉が遅れていると感じたときには，何か特別な訓練というよりも，子どもの興味や関心に寄り添いながら，遊びを通して言葉を育てていくことが大切となります。それでも心配に思うことが多い場合には，幼稚園や保育所の先生に相談してみることや，自治体等で行われている発達相談を受けてみることをおすすめします。

言葉を育てる幼児期の遊び

ごっこ遊び

　これまでの言語発達の研究から，「おかあさん」や「パンやさん」といった役割を演じるごっこ遊びの発達は，言葉の発達とも深い関係があることが明らかになっています。

　ごっこ遊びの例として，おままごとについて考えてみましょう。お家のなかで出てくる言葉はたくさんの種類があります。食事の場面を考えてみても，「ごはん」「おちゃわん」「おはし」といったものの名前や，「たべる」「こぼす」などの動詞，「おいしいね」や「おなかいっぱい」などの気持ちを表す言葉が遊びのなかに登場します。

　また，言葉だけでやりとりをするのではなく，ままごとには必ず動作が含まれます。子どもの言葉は発達途上ですから，適切な言葉が出てこないこともあります。それでも動作をしながらお話しすることによって，言葉の足りない部分を補うことができます。それによって食事の場面のイメージを自分以外の人たちと共有して遊ぶことが可能となるのです。

　さらに，ままごと遊びでは日常生活の再現だけではなく，さらにイメージをふくらませることができます。たとえば，普段は外の犬小屋にいる犬が一緒に食卓を囲んだり，アニメのキャラクターが家に遊びに来たりなど，現実には起きないような状況ややりとりも，子どもたちのなかから出てきます。そうなると，さらに使われる言葉のレパートリーは増え，より豊かな表現が生まれることもあります。

　このようなごっこ遊びをしているとき，大人は遊びの主導権を子どもに託し，子どもの自由な発想を一緒に楽しむことが大切です。子どもがつくり上げた世界を共有しながら，「あら？　ワンちゃんはどこに行ったの？」「いただきまーす！あれ？　このニンジン固いよ？」など，その世界を拡げるような言葉かけをしてあげてください。また，発音がまだ上手でない言葉もあるかと思いますが，たくさん言葉を発していくにつれて，徐々に上手になっていく場合が多いです。その

ため，発音が上手にできなくても，言い直しを求めたりせずに，「おしゃべりすると楽しい！」という経験をたくさんさせてあげましょう。

かるた遊び

　ここでいうかるたとは，読み札の初めの文字が印刷されている一般的なかるたではなく，取り札としてイラストのみが描かれているものを想定しています。

　取り札のイラストは，子どもに馴染みのあるものを用意します。厚紙に絵を描いたり，切り抜いたものを貼ったりしたもので十分です。かるた遊びの要領で，「みかん」「でんしゃ」など，読み手がいった言葉が描かれているイラストを見つけます。子どもが読み手をやりたいようでしたら，役割を交替してもいいでしょう。このようにすることで，遊びを通じて言葉を覚え，定着させることができるようになります。それと同時に，相手の話をしっかり聞く力を育てることにもつながります。

　さらに発展させた遊び方としては，イラストに示される物の名前ではなく，「食べるもの」「乗るもの」などといった言葉や，「黄色くて，細長くて，食べると甘いもの」といったなぞなぞに変えることもできます。子どもはその言葉を聞き，推理する力を育むことができます。読み手の質問を工夫することで，さまざまな言葉や表現の仕方があることを，子どもと一緒に楽しんでみてください。

【参考文献】
　内田伸子・浜野隆編（2012）『世界の子育て格差――子どもの貧困は超えられるか』金子書房

2 本や言葉との「出会い」を大切にする読み聞かせ

Question 子どもの文章理解力や想像力を育てるために，幼児期に絵本などの読み聞かせをするとよいといわれます。読み聞かせはどのような方法で行うのがよいのでしょうか？　また，どんな本を選んだらよいのでしょうか？

Answer
昌子 佳広
（国語教育）

読み聞かせにはどんな効果があるの？

　読み聞かせは，幼い子どもを対象として行う場合，まだ字が十分に読めないため一人で本を読むことができない子どもに，大人が代わりに声に出して本を読んであげるというものです。子どもにとっては，本を「読む」のではなく「聞く」，つまり「耳からの読書」ということになります。

　そうした読み聞かせをすることの効果としては，「文章理解力」や「想像力」が育つということももちろんあるのですが，そればかりではありません。次のようなことが一般によくいわれています。

①本，読書に対する興味をもち，読もうとする意欲を高める
②読むということの基礎的な力が養われる
　　・本を通していろいろな言葉に出会い，理解したり使用したりできる言葉を増やす
　　・言葉をもとに豊かにイメージする力が育つ
　　・言葉を理解し，自分のイメージを重ねながら，話の展開（すじ）を追って内容を理解する力が育つ
③感受性を豊かにする
　　・読み手（本を読んであげる人）と感動を共有し，自分の感想を深める

第3章 遊びのなかで「言葉」「数」を育てる

　　・お話のなかの登場人物に同化して出来事を追体験し，間接的にさまざまな
　　　経験をすることができる
　　・空想の世界に遊び，現実には体験できない出来事に触れて，心を解放する
④読み手とのあたたかい関係をつくる
　　・本を仲立ちにして，読み手（大人）と聞き手（子ども）が心を一つにし，
　　　言葉を交わし合う豊かなコミュニケーションの場となる

　全国学校図書館協議会（SLA）が毎年6月に行っている「学校読書調査」は，小学校4年生から高校3年生までの児童・生徒の読書生活にかかわる実態を調査・報告するものですが，高校3年生の読書時間や読書量は，幼少期に読み聞かせを受けた経験量と関係があることが，2013年の調査で報告されています。幼いときから親や先生に読み聞かせを受けた経験が多ければ多いほど，大きくなってから本をよく読むようになる，ということです。

　また，親や先生とのコミュニケーションの場であることも見逃せません。テレビなどの娯楽がなかった時代，どの家庭でも，おじいさん・おばあさん，おとうさん・おかあさんが，昔話などの「おはなし」をしてくれるというのが子どもにとって娯楽の1つでした。そして，家族・親子の大切なコミュニケーションの時間でした。

　今はさまざまなメディアの発達や，核家族化が進んだことで，「おはなし」の文化は失われつつあります。それに代わるものとして，身近な大人が本を読み語ってくれる読み聞かせの時間を大切にしてもらいたいと思います。家庭では，寝る前の少しの時間でもよいので，読み聞かせを習慣化したいものです。

　そして，言葉の獲得，語彙の拡大という点でも，読み聞かせの効果を認めることができます。語彙とは，日常生活で使える言葉，自分では使わないけれど聞いたり読んだりしてわかる言葉の総体です。

　一般に，満5歳の子どもの語彙数は1000を少し超えるくらいだといわれています。これで日常生活ではほぼ問題なく，周りの人とのコミュニケーションをとることができるようです。しかし，小学校入学以後はその数が

飛躍的に伸び，満12歳で4万語程度に達するともいわれます。これはおもに，学校での勉強を通して，教科書をはじめとするさまざまな本を読み，いろいろな分野の言葉にたくさん触れることによって増えるようです。

　大人であっても，本を読むことでそれまで知らなかった新しい言葉に出会うことは少なくありません。まだ言葉の数が少ない子どもたちは，それこそ真綿に水がしみこむように，本を通して出会った言葉をどんどん吸収し，自分のものにしていきます。本の読み聞かせによって，子どもたちにたくさんの言葉と出会わせてあげるようにしましょう。

実践してみよう　子どもがたくさんの言葉と出会える読み聞かせのために

◯ 読み聞かせはどのように行ったらいいの？

　ここまで述べたように，読み聞かせにはたくさんの良い効果が期待できます。ですが，だからといって子どもを強制的に大人の前に座らせ，読み聞かせを無理強いするというのはよくありません。繰り返しますが，大人と子どものあたたかなコミュニケーションの場であることを前提として，その時間が子どもたちにとって楽しみなひとときでありたいものです。

　読み聞かせは，基本的にはどこでどのように行ってもよいものです。定まった方法があるわけではありませんが，これまで述べたことがより効果的であるように，いくつか気をつけたいことがあります。

　読み手と子どもが一対一で読み聞かせをする場合（親が子どもに読む場合など）は，子どもを読み手のひざの上に座らせるなどして，同じ方向から本に向かい，絵や文字を一緒に見て読むのがよいでしょう。文字がある程度読めるようになった子どもであれば，視覚によって文字と音声とを結びつける経験を重ねる機会になります。

　集団保育の場などでは，読み手が本を携えて子どもたちに正対し，絵本であれば絵をしっかりと子どもたちに見せながら行います。

　いずれの場合でも，周りの雑音をできるだけ避け，テレビなどはもちろん消し

第3章 遊びのなかで「言葉」「数」を育てる

て，読み手の声に集中できる環境をつくるようにしましょう。

　読み方は，読み手の一人芝居にならないように，過度な演出は避けた方がよいでしょう。もちろんある程度スラスラと，言葉の区切りを明瞭にして読む方がよいですが，登場人物ごとに声色を変えるなどのオーバーな表現は，むしろ子どもの自由なイメージを妨げます。読み聞かせはあくまでも子ども自身の読みを手助けするものであることを忘れてはいけません。

　また，読み終わった後に感想を聞くなどもしない方がよいでしょう。大人の感想を伝えるということも必要ありません。お話しはあくまでもお話しそのものとして子どもの心に残ればそれでよいのです。

どんな本を選べばいいの？

　子どもにとってどんな本が「良い本」かというのは，一口にはいえない難しい問題です。よくいわれることですが，普遍的な「良書」というものはなく，その人にとって，そのときそのときの「適書」があります。ですから，大人がある程度の意図をもって本を選ぶことも必要ですが，基本的には子ども自身がそのときに読みたい本を読んであげるということで十分です。

　そのためには，身近に本がたくさんある必要がありますが，多くの本を家庭で買い揃えることは難しいので，地域の図書館などを活用して，子どもに借りる本を選ばせてみましょう。子どもは表紙などを手がかりにして，自分で読みたい本を選ぶことができます。そのなかから何度も読みたいお気に入りの一冊が見つかることもあるでしょう。

　そうした時間をおっくうがらないで，子どもを連れて気軽に近くの図書館を訪ねてみましょう。そして子どもと一緒に素敵な本との出会いを楽しみましょう。

3 誰かに伝えたい思いがあるから文字を書く

Question

最近，文字を書くことに興味をもち始めました。見よう見まねなので，文字というより絵文字のようです。「ひらがな練習帳」などを買い与えた方がよいですか？

Answer

齋木 久美
（国語教育）

文字に対する興味を大切に

　幼児が文字を書きたいと思うのは，文字の役割に気づき，文字を使う必然が生じるときです。たとえば，パン屋さんごっこで，「パンの名前のカードがなくっちゃ」とクレヨンを持って書き始めたとします。でも，「筆順が違っているよ。『あんぱん』の『あ』の字は、横の線から書くのよ」なんていわれたらどうでしょうか。せっかく使ってみようと思った文字は，自分の好きなように書いてはいけないらしいとなり，文字への興味を失わせてしまいます。まずは，その子なりの文字とのかかわりを受け止めましょう。

幼児の文字のかかわりとは

　多くの子どもたちは5歳前後から文字を積極的に書き始め，早い子は3歳から書き始めます。文字に興味をもち始めた幼児は，いくつか読み始めると，自分で書いてみたり知っている文字を書き写したりして，定着を試みるようになります（国立国語研究所，1972）。自分なりに文字にかかわろうとする姿といえます。

　このときの書き方は自己流で，筆順もバラバラ，姿勢や鉛筆の持ち方もよくありません。読むことに比べ，書くことは難しく，実は幼児期に文字を書くことの習熟を求めるのは無理があります。幼児期のねらいは，文字への関心を広げ，文字を使う喜びを味わうことなのです。

文字の読み書きと言葉の世界

　幼児は親しみがもてるときに、その文字にかかわろうとします。そのよい例が、保育室の「自分の名前」です。「ほとんどの幼稚園や保育所では、名札や表や玩具などによって文字環境を整備することに努めていますが、問題はこれらを日々の生活の中でどのように利用し、子どもの行動や関心とどのように結びつけるかという方法」（村田，1973）です。

　というのも、文字の読み書きができても、言語の体系を身に付けていくようにしなければ、小学校入学後に文字を使いこなし、「書き言葉の世界」に入っていくことはできないからです（丸山，2005）。文字の読み書きだけを切り離すのではなく、幼児の身体的および認知的発達も踏まえ、聞くことや話すことと関連づけた支援が必要です。

　一般に読みの能力が高い幼児は、書字能力も高いといわれますが、文字の読みの判別と文字を視写する場合では、字形の捉え方が違います。ひらがなのなぞり書きができるからといって、必ずしも言葉の世界に親しむことにつながっているとは限りません。幼児が字形に気をつけながら言葉や文を書くのは、発達的に考えても難しく、線を引くといった運筆の力が備わっていない場合は、なおさら難しいことになります。ですから、言葉やお手紙などの文を書く場合と個々の文字を書くための書字技能を身に付けるための支援は別々に検討していくべきです（齋木，2013）。

> **実践して みよう**

子どもが文字を書き始めるにあたってのポイント

⬡ 文字を書くキーワードは、「ゆっくり大きく」

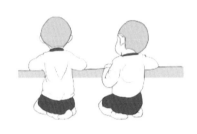

ひし形や三角形のように，始点や終点を決めて斜めの線が書けるようになるのは5歳前後になってからです。実は，系統だった文字学習に入る前に，ひし形の模写ができる程度の「視覚－運動統合能力」や三角形が描ける程度の手の器用さがないと文字学習は負担になります。だからといって，ひし形と三角形の模写練習をさせればよいわけではありません。体を支える全身運動を土台としながら，粘土遊びや折り紙などの手を使う活動を十分に行うことで，一定の発達段階に達したとき，ひし形や三角形を見てそれが描ける力が育ちます。この段階で文字学習に入ると，抵抗感が少ないといわれています（丸山，2007）。

体を支えるような全身運動を考えるのなら，いすに座って机の上で書かせるより，壁面に貼った模造紙や黒板に自由に書かせるとよいでしょう。その際，腕を大きく動かして書くことで，上体を安定させた書き方が身に付くようになります。

上体を安定させることは，良い姿勢につながります。足の裏を床面に着け，腰骨を立てて，背もたれに寄りかからない座り方だと，肩に余計な力が入りません。この「良い姿勢」は小学校での座って行う学習の基礎になっています。

⬡ 幼児が持ちやすい筆記具を

お手紙など文を書く場合でも，文字の練習をする場合でも，筆記具は筆圧が弱くてもしっかり書けるクレヨンや芯の太い鉛筆を用意しましょう。また，軸が太い筆記具は幼児の手でも持ちやすく負担も少ないので，太軸の水性マーカーなどもおすすめです。軸が細くて長い筆記具は，安定させようとして握り込む持ち方になります。幼児の場合は，つまむように持って指先を動かすような太くて短い

ものがよいです。また箸を使うことも，手指の発達につながり，正しく鉛筆を持つためには有効ですので，お箸の持ち方にも留意し，文字の学習と関連していると捉えましょう。

市販の文字教材には「幼児向け」と明記されていても，小学1年生向けより難しいものもありますので注意が必要です。マス目のある用紙に書かせる場合，3〜4センチくらいのマス目ものが適切です。2〜3センチ以下だと幼児は前かがみになってしまう（塩出，1993）ので，書こうとするものの大きさと姿勢も関連していることに配慮したいものです。

⬡ 修正することを受け止める子に

小学校入学前に文字を書くことの援助は，かなり積極的に行われていますが，入学後にそれが機能していないのが実情です。入学後の文字学習で「できるもん，知ってるもん」といって，「はね」や「はらい」に意識を向けず，入学前の書き方が改善されない児童の指導に，一年生の担任は苦労するといいます。

小学校での内容を先取りすることが，小学校での学びを阻害していることになっては意味がありません。幼児期の学びは，小学校への準備のためものではなく，幼児期の発達保障のためのものです。望ましい保幼小連携を踏まえるならば，小学校入学前までに育てておきたいのは，小学校に入学して体系的に学ぶことに対し，喜んで自己訂正し，再学習しようとする意識や意欲です。このことが，成長発達につながっていくからです。

【引用・参考文献】

国立国語研究所（1972）『幼児の読み書き能力』東京書籍
齋木久美（2013）「幼児期の書字に関する課題とその対策に関する一考察」『書写書道教育研究』27号，全国大学書写書道教育学会
塩出智代美（1993）「幼児期における書字指導（下）」『書道研究』54号，萱原書房
丸山美和子（2005）『小学校までにつけておきたい力と学童期への見通し』かもがわ出版
丸山美和子（2007）「『幼・小』の連携問題について」『季刊保育問題研究』228号，全国保育問題研究協議会
村田孝次（1973）『幼児の言語教育』朝倉書店

4 数えることよりも大切なことがある

Question 数字は10までちゃんといえるのに、「手のひらにあるビー玉はいくつ？」ときいても答えられません。この子は算数が苦手なのでしょうか？ 将来困らないように、ちゃんと数を数えられるようにするためには、どうしたらよいですか？

Answer
新井 英靖
（教育方法）

「かず」はいえるけど、数えられない！？

1, 2, 3と数を指さして数えた子どもに、「全部でいくつ？」ときくと「4」と答えてしまう子どもがいます。これは「全部でいくつ？」ときかれたときに、「次の数字はいくつ？」ときかれていると子どもが誤解してしまうことが原因であると考えられます。つまり、「数字」は読んで発音できるけれど、「数」を固まりで、全体的に捉えることがまだできていないということです。

それでは、「数える」力を身に付けるためには、どのようなことを理解していなければならないのでしょうか？

このとき、私たち大人は「数」の理解よりも先に、「量」を理解していなければならないということを知っていなければなりません。もちろん、ここでいう「量」の理解とは、「○リットル」とか「○キログラム」といった単位を使った測定ができる量のことではなく、「何となく、いっぱいある」「さっきのと比べると少ししかない」というような感覚的な「量」です。

たとえば、模型の電車で遊ぶのが大好きな男の子がいたとします。毎日、4両から5両の客車をつなげて線路の上で走らせている子が、今日は手元に2両しかないということに気づくと「いつもより短いなあ（客車の数が少ないなあ）」と感覚的にわかることでしょう。このとき、子どもには「数を数えよう」などとい

う気持ちはまったくなくても，「量」の感覚を使って算数的に考えています。

そして，「いつもより車両が少ないぞ。いつもつないでいた車両はどこにいったのか？」と感じたときに，子どもは「もっと」と手を出して車両を要求してくるでしょう。このとき大人が車両を1両

だけ渡したとします。その後，すぐに子どもが「もう1両ほしい」と訴えてくれば，それは車両の数を意識して遊んでいることになります。このように，子どもは，数字に置き換える前に，生活（遊び）のなかでたくさん「量」を使っています。

数えることの裏にある驚きや疑問を大切にする

このように，「全部でいくつ？」の質問に答えられるようになるには，こうした「量」の感覚をしっかりもっていなければなりません。そして，「量」の感覚というものは，大人が「教える」ことで身に付くものではなく，遊びのなかで得られる「実感」がとても大切です。

具体的にいうと，「うわっ，たくさんある！」という経験や，「ちょろちょろ流れている水は，いつになったら容器いっぱいになるんだ？」というような驚きや疑問をもつことが，数を数える力の基礎となります。こうした力の先に，「あといくつほしいの？」や「どっちがどれだけ多い？」という「数」の理解や「計算」の力へとつながっていくのです。

そのため，「全部でいくつ？」ときいても答えられない子どもには，「1・2・3」といわせることではなく，遊びのなかで「量の感覚」をしっかり身に付けていけるような遊びをたくさんさせることが大切です。「量」から「数」へと算数の力が発展していくように，大好きな物を集めたり，つなげたりする遊びをたくさん経験させてあげてください。

量の感覚を育てる幼児期の遊び

◆ おままごと

　量の感覚というものは、教えて身に付くものではなく、夢中になって遊んでいるなかで身に付くものです。たとえば、多くの幼児が経験する「おままごと」のなかには、量の感覚を育てる要素がたくさんあります。

　具体的な場面をみていきましょう。幼児がお砂場セットを持って、砂場に座り込み、そこで展開される家の食卓場面を再現したおままごとでは、「パパはたくさんご飯を食べるから、山盛りにするね」「ご飯を食べる人は○○ちゃんと、△△ちゃんだから、コップをもっと持ってこないと……」というように、量や数を感覚的に使ってごっこ遊びをしています。

　こうしたおままごとのなかには、コップのように「1個、2個」と数えられる物の量もあれば、水や砂のように数として表すことが難しい量もあります。また、長いパンを食べるまねをしたり、重い荷物を持ったりするような場面が出てくるかもしれません。このように、おままごとで遊んでいると、子どもは将来の数学につながる量の感覚をたくさん身に付けることができるようになります。

　それでは、子どもがおままごとを始めたら、大人はどのように子どもと遊べばよいでしょうか。大切なことは「コップはいくつ？」「どっちが重いの？」といった算数の授業のようなかかわりではなく、「わぁ、これ重いね～」「いくつか足りないよ～」というように、子どもの遊びに入り込むようにして、かかわってください。そして、食卓場面だけでなく、買い物や遊園地、電車ごっこなど、いろいろな場面を設定しておままごとに付き合うことが大人の大切な役割です。

第3章　遊びのなかで「言葉」「数」を育てる

◯ トランプ（7ならべ／神経衰弱）

　数を直接的に取り扱う遊びの代表例はトランプです。数字を読めるようになれば「神経衰弱」、数列がわかってきたら「7ならべ」というように、子どもが数をどのくらい理解できているかによってゲームは変わっていきます。もちろん、5までの数を理解できている子どもには「5ならべ」や「5までの神経衰弱」というように、使用する数字を制限して遊べば、3歳くらいの子どもでもトランプ遊びができます。

　このとき、数に親しむという点で考えると、最初の頃は「どっちが多く取ったか？」を競い、勝敗を決めることに主眼を置くのではなく、神経衰弱であれば「めくったら同じ数字のカードだった！」という驚きや、「7ならべ」であれば「僕が5を置きたいから、○○ちゃんは6を置いてくれないかな」というハラハラ感を大切にして、トランプ遊びを楽しんでください。

◯ すごろくゲーム

　すごろくゲームは「出た目」の数の分だけ駒を進める遊びですので、「いくつ進む？」ということが意識できれば、算数遊びをしていることになります。量の感覚という点からいえば、サイコロの目が「1」のときには「少し」しか進まないのに、「6」が出たら「追い抜かされてしまう」という感じで、すごろくの面白さは一気に進むところにあります。

　文字が読めるようになってきたら、自分でマス目を書いて、いろいろなすごろくをつくって遊んでもよいでしょう。たとえば「10マスすすむ」と書いてあるマスに止まったら、「たくさん進んだぞ！」と感じ、「桁の違い」を実感することも大切です。また、サイコロを2つ振って出た目の数を足したり、サイコロをつくっていろいろな数字を書くといった遊び方も面白いでしょう。

【参考文献】
算数あそび研究会編（2015）『誰でもできる 算数あそび60』東洋館出版

5 積み木やブロック遊びが図形の基礎となる

Question

図形に対する感覚は，小さい頃に身に付けた方がよいと聞きました。どのようにすれば，図形に対する感覚を身に付けることができるのでしょうか？

Answer

松村 初
（教育数学）

図形に対する感覚は，身に付けられるか？

子どもたちの積み木遊びを見ていると，つくりたいものをパッとつくれる子もいれば，なかなかつくれない子もいます。バランスよく積み重ねることができずに，すぐに崩してしまう子もいたりします。

お絵描きでも，バランスよく描ける子もいれば，うまくバランスのとれない子もいます。

このように，図形や空間に対する認識は，得意な子どもと苦手な子どもに分かれるようです。これは，生まれもった力なのでしょうか？ それとも，訓練して高めることができるのでしょうか？

少し難しくなりますが，「空間認知能」という知能が人間には備わっています。空間認知能とは，空間のなかで位置や形などを認知する知能です。ものを見て絵に描く，本を読んでイメージをふくらませる，体のバランスをとって運動するなど，思考したり体を動かしたりするときに重要な役割を果たします。図形に対する感覚も，このなかに含まれます。

この知能は，鍛えて高めることができます。しかも，小さいときに高めておくことが重要とされているのです。

遊びのなかで，図形に対する感覚が高まっていく

　では，どのようにすれば図形に対する感覚を高めることができるのでしょうか？　実は，普段の遊びのなかに，図形の感覚を高めるものがたくさんあります。
　たとえば，積み木遊びです。立体的なものを積み上げたり，組み合わせたりするには，水平を意識して，ものの形や位置を正しく捉えることが必要です。高く積み重ねたり，決められた形をつくることで，子どもたちがイメージを形にする力も付きます。
　形をつくるということでは，ブロック遊びも有効です。できるようになったら，お手本と同じ色，同じ形のものをつくってもよいでしょう。積み木遊びやブロック遊びが上手になることは，空間を認識する力が高まっていることでもあります。
　また，遊んだあとの片づけも大切といえます。箱のなかに元あったように収めることも，ものの形や位置を正しく捉えるトレーニングになります。
　このように，普段の遊びのなかで図形に対する感覚を高めることができるのです。

続けていくことで感覚が身に付いていく

　どの遊びでも片づけでも，子どもたちが興味をもって続けられるように，根気強くサポートしてあげてください。続けていけば，図形に対する感覚も高まっていくからです。そのためにも，最初はうまくできないかもしれませんが，いいところを見つけて，どんどんほめてあげてください。
　空間認知能は，図形に対する感覚だけでなく，脳の機能全体にもかかわるものです。小さいときにしっかりと高めておくことで，図形以外にも子どもたちの成長に良い効果が期待できます。

図形の感覚を育てる幼児期の遊び

◯ 積み木遊び・ブロック遊び・模型づくり

　日常生活では平面に接することが多く，意識しないと空間に接することがあまりありません。空間認知能力を発達させるためには，小さい頃から空間を意識させることが必要です。そのために有効なのが積み木やブロックなどのおもちゃです。

　積み木を積み上げていくには，水平感覚や，ものの形を正しく捉える力が必要になります。積み木で遊んでいくうちに，このような力が自然と鍛えられていきます。「おうちをつくってみよう」「電車をつくってみよう」と決められた図形をつくることで，図形に対する感覚だけでなく，子どもたちのイメージを形にする力が高まります。また，ブロックを使って，お手本と同じ色，同じ形をつくる遊びをしてもよいでしょう。

　積み木やブロックだけでなく，いろいろな形がつくれるおもちゃもあります。子どもたちが興味をもって続けられるように，これらを活用するのも1つの手です。

　なお，粘土のように形が変わってしまうものは，形を正しく捉える練習には向いていないことも，知っておくとよいと思います。ただ，悪影響があるわけではないので，粘土遊びを楽しむこと自体には，まったく問題ありません。

◯ タングラム

　正方形を分割して得られる7つの三角形や四角形のタイルを使って，与えられた影絵の形をつくるパズルが「タングラム」です。「知恵の板」と呼ばれることもあります。観光地のお土産屋さんで見かけたことのある方もいらっしゃることでしょう。

　とてもシンプルですが，大人でも難しい問題もあります。右に2つほど例題を挙げました。最初は，7つのうちのいくつかのピースを使った問題から始めるとよいでしょう。できるようになったら，自分で影絵をつくるのも面白いと思いま

第3章 遊びのなかで「言葉」「数」を育てる

す。うまく並べると影絵だけでなく，カタカナや数字をつくることもできます。また，お友だちと問題を出し合うのもよいでしょう。

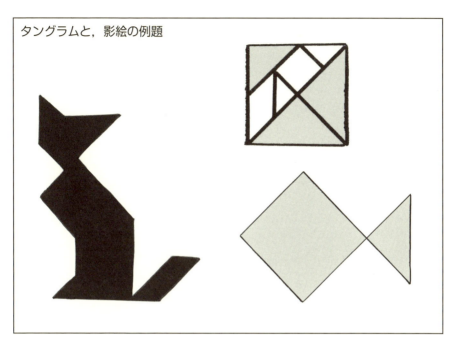

タングラムと，影絵の例題

⬣ お絵描き

誰もが経験するお絵描きですが，実は，ものの形を正しく捉えるという，図形の感覚を高める機会にもなります。上手に描けることも大事ですが，まずは絵を描くことが好きになって，興味をもって続けられるようにしてあげてください。さらに，物語を聞いてそれを絵にする，といったことにも取り組むとよいでしょう。子どもたちのイメージをふくらませる力も身に付いていくからです。

【参考文献】
林成之（2011）『子どもの才能は3歳、7歳、10歳で決まる！——脳を鍛える10の方法』幻冬舎

第4章

自然や社会のなかで科学の目を育てる

1 身近な自然と対話する

自然や科学が好きになってもらいたいので，博物館に連れて行ったり，家でいろいろな映像を見せたりしています。ところが，なかなか興味を示してくれません。どうしたらよいですか？

五島 浩一
（理科教育）

少なくなった原体験

　幼児期から小学校低学年にかけて，自然のフィールドで仲間と一緒に思う存分遊んだ人には，大人になってからも心に浮かぶ原風景があります。それは，幼い頃に過ごした地域の林や森だったり，田んぼや畑だったり，野原だったり，小川や沼だったりするでしょう。あるいは，道端に咲いていた小さな花や見つけた虫かもしれません。

　そのような風景を思い出させてくれる元となるのが原体験なのです。同世代の友だちと，あるいは年上の子に連れられて，自然のなかで遊んだ経験なのです。

　つまり原体験とは，自然のものを素材とし，触覚・嗅覚・味覚・視覚・聴覚の五感を通してたっぷりと触れ合う直接体験のことです。原体験やそれが生み出す原風景は，いつまでも記憶に残るだけでなく，人間形成や思想形成に大きな影響を与えます。また，原体験を通して無意識のうちに体得したことが学びの基盤になり，豊かな生き方にもつながります。

　ところが，残念なことに現在の子どもたちは，そういった原体験が不足しています。遊び場の減少，PC型ゲームの普及，少子化にともなう同世代の子どもの減少，子どもを取り巻く安全の問題などのさまざまな変化により，子どもたちの遊びは，外遊びから室内遊びへと変わっていきました。そこでは，五感を通した直接体験よりも，大人に管理されたなかでのバーチャルな間接体験が主流となっ

ています。

　博物館や科学館などに行くことも、自然や科学に関心をもたせる上では大変良いことです。しかし、特に幼児期においては、整えられたものを与えても、すぐに飽きてしまったり忘れてしまったりして、興味や関心が続かないことがよくみられます。むしろ、自然の素材そのものに、自由に、思い思いに、直接かかわっていくことが、好奇心を育むために何より重要です。大人がさせたいことをさせるのではなく、子どもがやりたいことをやらせてあげることが大切です。

身近な自然と対話する環境をつくる

　原体験とは、子どもが身近な自然とじっくり対話することだともいえます。子どもにとっての身近な自然とは、子どもの一番近くにあるもの。土や砂や石、水や雨、草や木、虫や鳥、飼っている動物などです。これらは、五感を働かせて繰り返し何度でもかかわれるものです。

　たとえば、庭の隅に咲いた花を見て「きれいな色だな」と思う。そばに行って、においをかいでみたら「甘いにおい」がする。摘んで手に取り、指で花びらをつまんでみる。指に、花びらから出た水がついて、花びらと同じ色をしていることに気づく。もっとたくさん花を摘んでみたくなる。

　このように、そこに自然があり、それに浸れる場所があり、夢中になれる時間があれば、子どもは五感を通して自然に働きかけ、ワクワク・ドキドキしながら、その反応や変化を感じ取っていきます。それが、対話するということです。対話することによって、さまざまな感覚が磨かれ、知的好奇心や自分で考えたり想像したりする力が育まれます。

　自然とじっくり対話できる空間・時間などの環境を、たくさんつくってあげることが大切です。

自然と対話する遊び

◯ 砂遊び

砂は子どもにとって大変身近な自然物です。砂遊びは，自然と対話する遊びのなかで子どもが最初に出会う遊びです。そして，たくさんの教育的な効果が期待できます。

砂や土の上にしゃがんだ子どもは，両手ですくったり，手のひらや指で何かを描いたり，すぐに手で触り始めませんか。これは，砂の感触がとても良くて，自由に形を変えてくれるからなのです。そのことは，子どもの心を満足させ，安心感や解放感を与えてくれます。

また，イメージしたものがつくれることから，自由に伸び伸びと表現する力が養われます。素手で安心して触れるので，五感も発達します。何よりも，友だちと一緒に遊ぶことで，協力することや相手を思いやることなどの社会性を養うことができます。さらに，「崩れないおだんごをつくりたい」「川をつくって水を流したい」などの願いが生まれ，考えたり工夫したりする姿も期待できます。

子どもが砂遊びをしているときは，まず自由に，思う存分活動させるようにしましょう。また，シャベルや型抜きなどの道具もありますが，素手で遊ぶことも大事にしたいです。はじめから何かをつくりたいと思っていなくても，たまたまできた形からイメージがどんどん広がり，いろいろな遊びに発展していくものです。大人も一緒に仲間に加わって，喜んだり，驚いたり，考えたりしながら，子どもたちにかかわっていくことが大切です。

第4章　自然や社会のなかで科学の目を育てる

◯ 水遊び

　砂遊びと並んで子どもが大好きなのが水遊びです。顔や体にかかって「冷たい」と感じる面白さ，パチャパチャという音など，水と触れ合うことで子どもは心地よさを感じます。

　さらに，水は砂や土などあらゆるものと混ぜ合わせることで，違った面白さが味わえたり，発見ができたりします。混じり合わないものは，浮いたり沈んだりします。水には，科学につながるたくさんの不思議が詰まっているのです。

　夏であれば，ぬれることをあまり気にせずに遊ばせたいです。着替えを用意して，思い切り遊びましょう。暑い晴れた日であれば，ぬれた服がいつの間にか乾いてしまうことも大切な気づきです。冬の寒い日であれば，霜や霜柱を探してみたり，氷の感触を確かめたりすることも貴重な体験になります。水ではできなかった，氷を使った工作などもできるかもしれません。

◯ 虫捕り・飼育

　虫が大好きな子どもは，外で虫を見つけてはよく捕まえてきます。ときには，ポケットのなかにダンゴムシやコガネムシなどが入っていることもよくあります。

　虫を捕ったり飼育したりすることは，自然に親しむことだけでなく，情緒の安定にもつながります。たとえば，アオムシに餌となる葉をあげて食べるようすを見てホッとしたり，だんだん大きくなって体の形が変わったことに感動したりすることで，情緒が安定するのです。もちろん，育てるときに味わうことができる感動，驚き，不思議は命の大切さや巧みさへの気づきをうながします。さらに，知的好奇心を育み，科学的な見方の芽を育てることにもつながるのです。

　大切なことは，虫の名前などの知識を教えることに捉われないことです。「このイモムシは何になるのかな？」という問いかけに，「○○だよ」と答えるのではなく，一緒に考えたり，調べたり，育てて確かめたりしてください。

2 「ふしぎ」のタネを

Question
ブロックのおもちゃをおせんべいが入っていた缶に入れているのですが、かき回す音がうるさくて困っています！ 代わりに何でも手軽に映してくれるタブレットを買い与えようと思っていますが、幼児期の体験として将来に影響があるでしょうか？

Answer
大辻 永
（理科教育）

エピソード1【砂山】

　幼稚園の年中の頃だったでしょうか。何人かで協力して富士山のような背の高い山を砂場でつくることになりました。砂場のあちこちで山をつくっていたので、それを合体させようということから、そうなったのだと思います。周りに先生はいらっしゃらず、自分たちだけで決めた目標に自分たちだけで取り組むことに、それまでに味わったことのない一種の興奮を覚えました。

　自分のつくった小山をブルドーザーのようにして移動させる友だち。その崩れた破片を中心に投げる友だち。しかし、なかなか山頂が尖がりません。「シャベルを持ってこい」「もっと遠くから砂をかけろ」「周りをせばめて、その分上にのせたら？」などなど、統制はとれませんが、みんなが好き勝手に動いていると、その砂場では今まで見たこともないような逆三角形の大山が姿を現してきました。

　抱きついてみると、感じたことのないような砂のボリューム感。「もっと高くしよう！」と誰かが叫びました。

　しかしその後は、いくら砂をかけてもなかなか高くなりません。低くなったり、高くなったりを繰り返すだけです。すると誰か年上の人が

第4章 自然や社会のなかで科学の目を育てる

やってきて山の天辺を水平になでて円錐台にし,「この上に砂をのせたら大きくなるよ」とアドバイスをしてくれました。その後は,平らにしたり砂をかけたりの連続でしたが,丸の上に砂をのせても,前より高くなった実感は得られませんでした。

ときは経ち,小学校で円錐の体積の公式を習い,パフェなどが高さを出して量を多く見せていることなどを知ったとき,あの砂山が頭をよぎりました。高等学校の数IIでアポロニウスの円錐曲線(下図参照)が出てきたとき,幼稚園の砂場で感じたあの大きな砂山に,いろいろな方向から平面を挟み込んで把握しようとしていました。

「砂山づくりなんて幼稚な」「非衛生的」など,最近では砂場についていろいろな声が聞かれ,撤去されてしまうことも少なくないようです。砂粒の集まりにしか過ぎませんが,砂場は子どもが自由な発想で創作活動を行い,協働し,将来に受け継がれる何かを得られる貴重な場として機能していました。そのときに科学的な思考に結びつかなくても,将来の学習のどこかで結びついて作用する。そういうものを提供する場だったのです。

先生がやってきて,大きな砂山と大きくへこんだ谷を見て,さすがにそのアンバランスは認められなかったのでしょう。終わったら埋め戻すようにとおっしゃられました。つくったものを破壊する。それはそれで,楽しい時間でした。

図　アポロニウスの円錐曲線

エピソード2【システマチックな世界】

　ルールがあるとわかると，予測をします。その通りのことが起こると，ルールはより強固なものになります。昔は，そうしたことをレゴ・ブロックが教えてくれました。

　薄い板を3枚重ねるとブロック1つ分の高さになったり，突起の並びでブロックの面積が統一されるなど（1×1，1×2，2×2，2×3，2×4），実にシステマチックに部品が構成されていました。レゴの部品を入れたおせんべいの缶は，板もブロックも，大きさも色も，探せば「ほしいもの」が必ずある宝の箱でした。何かつくるときは，「ほしい部品」を探すだけです。缶をかき回すとき，頭のなかには事前に探し当てるものが確実にあったのです。多くの大人は，何も考えずにただ「遊んでいる」と考え，かき回しているだけと思っているのでしょう。この探究の行為を「うるさい」といって静止しようとさえしてしまいます。

　レゴ・ブロックの部品が入ったおせんべいの缶をかき回すことは，予測と発見の連続です。そういう意味で，この行為自体が科学的行為に近いといってよいでしょう。そして，「はまった」部品が見つかれば，それを組み合わせ，うっすらと想起していた設計図を実現していきます。そういう意味で，この行為自体はエンジニアリング（あるいは技術，工学）ともいえます。探していた部品がなければ，別の部品で代用できないか考えたりもします。

　真っすぐな線路を2本並べ，別の1本を逆さまにしてその間に置き、1つブロックをつければ，単純なミサイルのできあがりです。これをまとめて蝶番と回転する部品にのせれば，向きと高さを変えられる立派な発射台付ミサイルになります。

　子どもにも捉えさせやすいシステマチックなルールのある世界。そのなかで創造が許され，創造の楽しみを満喫します。脳内ではドーパミンが分泌され，その子の志向性が形成されていくのでしょう。

　保護者や先生は、「きれいに後片づけができる子」という点に価値を置くのかもしれません。それはそれで重要ですが，それだけではなく，「こういうのをつくりたい」と必死になっている子の脳内の動きに思いを馳せ，うまく声がけしてあげてください。「なるほど」「それでこうやったんだね」のような簡単な言葉で

よいはずです。そこには、それなりの「論理」があるからです。子どもの論理や意図に焦点を当て、浮かび上がらせ、認めてあげる。認められているという実感を与えてあげる。きっと良い循環が始まります。

> **実践してみよう** 子どもの感性を育てるために

◯ 見えないものに気がつく！

　平松不二夫先生という、ベテランの小学校理科の先生からうかがったお話です。

　小学校3年生から理科が始まります。そこで学習したモンシロチョウがキャベツ畑に舞う場面で、若い教師は教科書の通り、「何か気がつくことはない？」「モンシロチョウは何をしにキャベツ畑に来ているんだろう？」と無茶な問いかけをします。空から降ってきた課題なので、その後の探究にも火がつかず、言われた通りに「こなす」人間ができていくことになります。

　ベテラン教師は、モンシロチョウが花の蜜を吸うという既習事項に結びつけて問いかけます。「このキャベツ畑には、花が咲いていないね」。

　花がない。つまり、蜜を吸いに来たのではない。では何をしに来たのだろう。突き止めてみよう。そうしているうちに葉の裏にポツポツしたものを見つけます。「卵だ！」という声に若い先生は、「よく見つけたね。卵を産みに来ていたんだね」と結論づけますが、ベテラン教師は、「そうかもしれないけれど、そうじゃないかもしれない。どうやったらわかる？」といって、観察して実際に確かめる方向にもっていきます。

　先生がいうより先に「このキャベツ畑には花が咲いていない」といい出す子どもがいたら、天才です。絶賛する前に「どうしてそう思ったの？」と尋ねてみましょう。「チョウは花の蜜を吸うのに、ここには……」と答えられたら、みんなの前で大いにほめてあげましょう。既習事項と照らし合わせて、目に見えない「花」を指摘するのですから、普通の大人

にもできない気づきです。

　これは小学校理科のお話ですが，幼稚園での実践にも示唆を与えるのではないでしょうか。何か見たことを子どもが一生懸命に報告するとき，しっかり聴いてあげて，関連する「いま」と結びつけてあげましょう。「それで，そのお話をしてくれたんだね」と，メタな立場から振り返られる一言も忘れずに。少しずつ，気づきのできる子になっていくはずです。

　「小さいうちにたくさん経験をさせて『感性』を磨いておいてほしい」。砂山を例にその具体例を示してみました。砂山は圧倒的な質感をもって，私の記憶のなかに生き続けています。

　システマチックなルールのある世界を意図的に準備しておくのも，子どもの成長にプラスに働きそうです。ただし，ゲームの世界のように製作者の楽しみでつくられた世界，大人が関与し過ぎた世界は，子どもがそれに遊ばされている状況に陥り，主体性なく消費一辺倒な人間になりそうなので注意が必要です。

　「啐啄同時（そったくどうじ）」という禅語があります。ヒナが卵のなかから出ようと，殻をつついているのを「啐」といい，それに呼応して外から親鳥が殻をつついて孵化（ふか）をうながすことを「啄」といいます。鳥の世界でさえ，親鳥は適切な時期をみて適切なやり方でヒナの成長を助けるというわけです。

　子どもが「ふしぎ」を「ふしぎ」と想うには，いくつかのパターンがあるようです。その1つは，目の前の出来事や学習内容が，過去の経験や既習事項と合致しないという状況です。何かを見つけようとしている（見つけられそうな）瞬間，教師が適切な声かけでその背中を押します。そして，結論を急がず，知識を与えるだけを目指すのでもなく，自分で考えて自分で生きていけるようにする。平松先生のお話に，子どもと教師の「啐啄同時」の関係が見えてきます。

　「ふしぎ」のタネをまくのも，どのような芽がいつ頃出て，どのような実を結実させそうか。多少の見込みがあってこそ，そのタネをタネとしてまけるはずです。就学前の幼児に向き合う先生ほど，広く深い教養が求められます。

【参考文献】
　小川正賢（1998）『「理科」の再発見──異文化としての西洋科学』農山漁村文化協会

第4章　自然や社会のなかで科学の目を育てる

子育てお役立ちコラム③

遊び心と科学の発展

新井英靖（教育方法）

風船をふくらませて遊んだ幼い日の思い出

　幼い頃に風船をふくらませて，その口を縛って，風船を二人で落ちないように打ち合って遊んだことのある人は多いでしょう。でも，このとき必ずといっていいほど，ふくらませた風船を手から離してしまって，風船がどこかに飛んでいってしまったという経験のある人もいると思います。ときには，こうした遊びが面白くなって，ふくらませては，風船を離し，どこまで飛ぶか試した人もいるでしょう。そうした遊びが面白くて何度もやっているうちに，息が苦しくなったという経験をした人もいるのではないでしょうか。

　もちろん幼児の頃は，なぜ風船が勢いよく飛んでいくのかという物理学の原理を考えたことはなかったかもしれません。しかし，こうした実験のような遊びのなかに科学的思考の基礎があることは間違いありません。

科学の発展は遊び心から

　歴史的にみても，「からくり人形」は遊び心からつくられたものでしょうが，それが科学の発展に貢献してきました。最近の事例でも，宇宙探査機「はやぶさ」が無重力の星に「ターゲットマーカー」を着地させるために，固いプレートを落下させたのでは跳ね返ってしまうので，「お手玉」の原理を応用したという話は広く知られています。

　このように，子どもたちが何気なくおもちゃで遊んでいることも，将来，科学の発展に貢献する大切な経験であるといえます。「この子は科学者になるわけではないので……」と，子どもが小さいうちから可能性を摘んでしまうのではなく，興味や関心のあることについては，遊び心をたくさん引き出し，試行錯誤しながら，納得のいくまで遊ばせてあげてください。

3 手をつないで街を歩く

Question　幼稚園からの帰り道，園であったことを尋ねても曖昧な返事しか返ってきませんし，いつも足元ばかり見て歩きます。「危ないから前を見て歩きなさい」と注意しても一向に直りません。このままでは小学生になって一人で通学できるか心配です。

Answer　村山 朝子（社会科教育）

見えるものが見えているとは限らない！？

　幼児の視野は，6歳くらいで垂直方向は70度，水平方向は90度程度とされます。大人はそれぞれ120度，150度といいますから，幼児の視界は大人の6割ほどしかなく，大人が見ているものが見えているとは限りません。だからこそ，大人は子どもをとっさの危険から守る役割をもち，また要所要所で声かけをして，子どもの安全意識を高めることが必要です。

　幼児に近所や通園路のようすについての絵や地図を描かせると，交差点の標識や信号から描き始めることが多いといいます。いずれも子どもの視界には入りにくい位置にありますが，通園時に繰り返し注意されることにより，体験的にその重要性を認識し，強い印象が残っているのでしょう。もっとも，注意した回数が多いほど忘れないというものでもありません。ヒヤッとした経験や，守らないと大変なことになるという実感をともなうと，道沿いの見過ごしがちなものや地点が意味をもつようになり，それまで見えていなかったものが認識できるようになるのです。

　大人の空間認知は，公共施設やモニュメント，交差点などのランドマークに頼りがちですが，幼児の場合，重要度が高いのは，そうしたランドマークよりも道そのものであるといわれます。感情をともなう体験をその場所とともに記憶し，その連なりとして外の空間を捉えていると考えられます。幼児期のこうした道で

の出来事の記憶は，成長しても残ります。大学生に幼稚園時代の思い出を書かせたところ，断然トップは運動会や遠足などの行事ですが，先生や友だちとの思い出よりも通園路での出来事が次にくるという報告もあります。

　ところで，この足元ばかり見て歩くお子さんの場合，「危ない」からこそ注意深く歩くことに精一杯であるという可能性もあります。幼児期は，自分が見ているものを他の人も自分と同じように見えていると思いがちです。「どうしてお母さんはわかってくれないのだろう」と不思議に思っているかもしれません。

　実際，子どもが見ているものを大人も見ているとは限りません。大人は大きく眺めて全体を捉えますが，子どもは特定のものを注視する傾向があります。たとえば，つないだ手の力が緩んだり少し引っ張られたりしたときは，子どもの目が何かを捉えて心が反応したサインです。まずは「どうしたの？」と子どもの視線の先に目をやるゆとりが，子どもの好奇心を引き出します。

　幼児の行動は，大人の言動に制約されます。大人が周囲をどう捉え，どう行動するかは，幼児の知覚にも影響を与えます。大人が通園を単なる移動としか捉えず，通園路や周囲の環境に関心をもたなければ，子どもはそれ以上の思いは抱かず，せっかく芽生えた好奇心もしぼんでしまいます。

通園は冒険！　道は「学びの場」になる

　通園路は，園や家という閉鎖的で守られた場所とは異なり，何が起こるかわからない，ちょっとスリリングな空間です。子どもにとって，毎日は非日常であり，通園は冒険です。たとえ，それが送迎バスの停留所と自宅との短い距離でも。しかも，大好きな大人と一緒に冒険できるとなれば，こんなに心が弾む時間はありません。小学生になって一人で通学するようになれば，「道草しないでまっすぐ帰りましょう」と指導されますが，保護者とともに往復する通園は，安心して外を歩ける貴重な限定期間なのです。寄り道はまずいですが，ちょっとした「道草」は徒歩通園の特権です。

　通園における学びは，安全意識や交通マナーを身に付けることだけではありません。通園は，自分の周りにはいろんな世界があることに気づかせる絶好の機会です。このとき，驚きや好奇心，楽しさを誰かと共有する体験が，記憶や学びにつながる大事な要素となります。視覚，聴覚，嗅覚といった感覚を揺さぶる体験

の積み重ねが，子どもの感性を伸ばしていきます。

　家も幼稚園も楽しいけれど，通園路もその先も面白そうだ，世の中にはいろいろな人が大勢いる，という外界への関心や期待は，小学校入学後の社会認識の発達につながります。小学校生活科の「まちたんけん」の学習では，学校の周りを歩き，そこで見聞きしたことや感じたことを絵に描いたり地図に表したりします。でも，多くの子どもは，入学前にすでに「まちたんけん」をしています。しかも毎日のように。

　ただし，一般に自然認識に比べ，社会認識の発達は遅れます。しかも，花が咲いた，チョウチョが飛んだ，というような身近な自然のようすは，子どもにも大人にも捉えやすいものですが，その先の景色や社会事象はそもそも子どもの目に入りづらく，大人も案外見ていないものです。

　一般に，幼児期は時系列で事象を比較する段階にはありませんが，朝は閉まっているけれど帰りはお客さんでいっぱいの店，行きのバスは混んでいて座れないのに帰りはガラガラなど，そうした変化に気づいたら社会認識の芽生えとみなされます。その前段階として，まずは子どもの何気ないつぶやきを聞き逃さず，外の世界に対する疑問や興味が出てきたら，その都度ていねいにわかりやすい言葉で説明してあげることが大切です。仮に正確な答えを返せなくても，その驚きや疑問に寄り添い，思いを共有することが一番重要なことです。

　ただし，通園路は「学びの場」だと，大人が意識し過ぎては元も子もありません。視界に入りにくく気づきにくいことについては，大人が折りをみて声かけしてみます。それで興味をもたないときは，無理強いするのはやめましょう。別の機会にまた声をかけてみる，気に留めればそのことについて少し話してあげる，その何でもないような日常の積み重ねが，心の成長に大きな意味をもつのです。

　休日に散歩をしたり，近所のお店に歩いて買い物に行ったりするときも同じことです。通園ルールから解放されて，大いに「道草」して，抜け道，近道探しや路地裏探検を楽しみたいものです。車社会の発達で子どもの移動空間は拡大しましたが，行動空間はむしろ狭まっています。幼児期こそ，歩けるところはできるだけ車を使わず，手をつないで一緒に歩く時間を大切にしてください。

第4章 自然や社会のなかで科学の目を育てる

 外の世界に親しみ，空間認知力を高める

⬡ 通園地図を描く・読む

　幼児には何が見えて，何に気を留めているのか，どう感じているのか，という知覚についての調査があります。たとえば「いつも通っている幼稚園とお家の間に何があるのか，覚えているものを教えてね」と質問し，通園路の景観写真を見せて気になるものを選ばせ，言葉による説明や反応を分析します。

　同様の質問に対して絵を描かせる方法もあります。このとき，5～6歳になると地図のようなものを描く子どもも出てきます。多くの子どもは，家と幼稚園を一本の道で結ぶ表現（ルートマップ）をします。なかには，同じ道なのに往復2本，別の道を描く子どももいます。自分の視点で通園路上の記憶をたどるので，店や建物は正面から見上げたようすを描きます。

徐々に視点が大地から空中に移動し，空間配置が理解できるようになって（一般に小学校中学年くらいから），空間や事物を上から見たような，地図（サーベイマップ）に近い表現に移行していきます。描写力にも左右されますが，空間認知のようすをある程度読み取ることができます。近年の研究では，サーベイマップを早くから描ける幼児もいるとされ，幼児期の経験が影響していると考えられます。試しにまず大人が描いてみて，自らの空間認知度を確認してみるのもいいでしょう。

⬡ 絵地図で遊ぶ

　ロードマップが描かれた敷物の上でミニカーを走らせたり，ドールハウスで人形を遊ばせたりというように，子どもはごく自然にミクロな世界に身を置いて遊びます。5歳くらいになると，大型積木で線路や駅をつくって電車ごっこを始めます。部屋の端っこを家やお店，学校など好きな場所に見立て，その間の行き来

もごっこ遊びに加わります。箱庭的な遊びから，成長とともに遊びの空間が広がってくる頃になれば，そろそろ通園路が学びの場になり，幼稚園や保育所での散歩が「ミニまちたんけん」になる時期かもしれません。

そんな時期になったら，園や家庭で大判のお散歩絵地図をつくってはいかがでしょう。園や自宅を中心に道を描き，子どもが知っている店や目につくポスト，交差点の信号などを描きます。あとは子どもに注目させたいものを加えます。このとき事物は記号化せず道路からみた形で表現します。絵地図を床に広げたり壁面に貼ったりすれば，お散歩前のイメージづくりや安全確認，戻ってからの振り返りにも活用できます。画用紙に自分の姿を描いて指し棒の先に付ければ，地図上でお散歩ごっこもできます。

絵地図には，子どもによる情報を入れてもいいでしょう。あったらいいものを描き込んだり貼ったりして，現実と想像とが混ざった夢の絵地図にするのも楽しいですね。こうした活動の積み重ねが，外の世界に対する興味や知的好奇心を刺激するとともに，想像力を育て，さらには空から眺めるように地域を俯瞰的にみる視点，空間的にものごとを捉える目の基礎を培います。

◯ 街を歩いて子どもと安全な場所を確認する

親子で手をつないで街を歩く経験は，子どもの防犯・防災教育につながります。近頃，子どもが誘拐されそうになるなど，街で犯罪に巻き込まれる事件が増えていますが，危険を感じたときにどこに逃げれば安全なのか，誰に助けを求めればよいのかということを小さいうちから教育をしておくことはとても重要です。同様に，突然大きな地震が起こったらどうするか，雷や突風など自然災害が起こりそうなときに身を守る方法を，子どもと話し合っておくことも大切です。子どもが小さいうちは安全な場所を言葉で説明するだけではわからないので，手をつないで街を歩いているときに，何気なく話題するとよいでしょう。

子育てお役立ちコラム④
小さいうちから英語の勉強をした方がよいですか？

小林 英美（英語教育）

日々の生活のなかで英語を使うこと

　私の英語との出会いは，小学校5年生のときでした。

　父の仕事の都合で，家族で1年間，アメリカ合衆国の片田舎に滞在することになりました。うちのほかに日本人家族は2軒だけで，日本人の子どもも2人いましたが，私よりも年齢が低く，家も離れていたので，日常的に遊ぶことはありませんでした。一緒に遊んだのは，もっぱら現地の同級生でした。

　現地に行く前の英語の勉強は，ほとんどしていませんが，現地の子どもとの遊びのなかで英語は自然に身に付きました。もちろん文法や発音は不完全で，語彙も限られましたが，3カ月程度でコミュニケーションが可能なほどになりました。

　そして，私には弟が2人いますが，当時は小学校2年生と保育園児でした。2人は私よりも早く英語でのコミュニケーションが可能になっていました。小さい子ほど適応能力は高いのです。現地で当時録音したテープを聴くと，きれいな発音で英語の歌を歌ったり，英語を流暢に話したりしています。しかしながら，帰国後しばらくすると，すっかり英語を忘れてしまいました。英語が不要な日本の環境に素早く適応したわけです。一方，私は，帰国するとすぐに中学校での英語学習が始まったおかげで，英語を忘れずに済み，ついには仕事の道具となりました。

大切なのは，続けること

　さて，「小さいうちから英語の勉強をした方がよいですか？」についてですが，小さいうちから英語に接すれば，その時間に応じて，耳が英語に慣れたり，多少は話したりすることもできるようになります。しかし，その英語力を，た

とえば中学校まで持続することは容易ではありません。本人が興味をなくしたり，必要ないと思ったりすれば，そこまでです。つまり，「持続が可能か」ということが，大変重要なポイントで，それは私の家族の経験からも明らかです。小さいときから始めたら，それだけ長く，英語への興味を持続させなければならないのです。

　たとえば，サッカー等のスポーツ活動，あるいはピアノ等の習い事に置き換えて考えてもよいかもしれません。子どもの自主的な興味が続けば，上達もするでしょう。ただそこには，親のかかわりも大切ではないでしょうか。親もそのスポーツや音楽が好きで，一緒に練習をしたり，試合を観たり，親も強い興味をもって付き合っているのではないでしょうか。

　英語も同じだと思います。教材を子どもに与えるだけだったり，託児所のように子どもを英語教室にただ預けて一切を任せるだけでは，不十分だと思います。親も一緒に，積極的に英語活動を楽しむようにかかわっていかなければ，スポーツ等の事例と同じように，興味をもった持続と成果を生むことは難しいと思います。親も英語を好きにならなくてはいけないのです。

　というわけで，「小さいうちからの英語の勉強」はしなくてもよいと思います。しかし，英語に親しむ活動はすべきだと思います。つまり，子どもの身の周りに，子どもが興味をもちそうな，英語や英語圏文化とリンクするものを置いておき，ちょっとしたときにそれらを利用して，親は子どもと一緒に遊ぶのです。絵本や図鑑でもよいですし，英語かるた遊びや英語童謡のCDでもよいです。

　親が用意したものに，子どもが興味をもってくれるかどうかはわかりません。それでも英語に関する事物を媒介にした親との交流は，単なる英語学習を超えた，貴重な人生経験となるはずで，それは英語への関心を促進する見えざる力にもなりうると思います。

　慌てることはありません。手始めに，たとえば幼稚園などの帰り道の階段などで，毎日一緒に英語で10まで数える遊びから始めてはいかがでしょうか。

　「英語への興味」という「学習のための原動力」を，親が育むことが何よりも大切だと思います。

第5章
人間関係力を伸ばす遊びと保育

1 3つ子の魂は100歳まで続く？

「3つ子の魂100まで」とよくいわれますが，これは本当でしょうか。3歳までに身に付けたことは，一生続くのでしょうか。そうならば，3歳までに何をさせるのがよいですか？

金丸 隆太
（臨床心理）

3歳までに「何をさせるか」と焦る必要はありません

　子育てにまつわる格言・名言は多くありますが，なかでもこれはとても有名ですね。有名な理由はやはり，そのインパクトの強さでしょう。「3歳児神話」という言葉もあるぐらいです。「3歳までの育て方で一生が決まってしまう」と思うと，親は期待というよりも不安にかられます。子育てに大きなプレッシャーを感じ，3歳までに子どもに何をしようか，何をさせようかと焦る日々が3年間続きます。そして3歳を迎えた後は，あれをやらせておけばよかった，と悔やむこともあるでしょう。もちろん親だけでなく保育者も「3歳」という線引きが気になってしまいますね。

　乳幼児の脳の成長がとても速いのは事実です。満3歳までで脳の約80％が完成するともいわれています。2001年にユニセフが発行した『世界子供白書』では，3歳までの環境が人生においていかに重要であるか，科学的なデータを紹介しながら書かれていました。その後も，大脳生理学研究の手法が洗練されていくにしたがって，赤ちゃんに強い刺激を与えずに脳の状態を測定できる機器が多くつくられ，乳幼児の脳について膨大な研究が積み重ねられてきました。これらの研究結果は，3歳までの脳がどのように発達するか，その詳細を明らかにし，そして3歳までの脳の発達が，その後の人生に長く，深く影響を与えることも科学的に

明らかにしてきました。

　それでは，3歳になるまでになるべくたくさんのことを学ばせた方がよいのでしょうか？　そして3歳より後では，取り返しがつかないのでしょうか？　これらの疑問に対して，簡単にイエス・ノーで答えることはできません。たとえば，釣りが好きな人が，ある川である仕掛けによってあるポイントをねらえば，たくさん釣れることを発見したとします。しかし，同じことが毎日続くわけではありません。季節は変化し，川も変わり，魚も変わります。いつでも絶対にうまくいく方法というのはありません。人の成長も同じようなもので，しかも環境の複雑さは川釣りの比ではありません。「3歳までにこれをやるとよいですよ」ということはたくさんあります。しかし，「どの国の，どんな時代の，どんな家庭の子どもにも必ずよいですよ」ということは何一つないのです。子育てをする大人たちに必要なのは，絶対にやらせなければならない少数の選択肢ではなく，科学的に効果が認められている，たくさんの選択肢です。本書はその選択肢の集大成です。

　こんな話を聞いたことがあります。高校で数学を教える先生が，「この公式は99％の人には生きていく上で不必要です」といったとき，生徒が「じゃあなんでそんな無駄なことを私たち全員に教えるんですか？」と食いつきました。先生はにっこり笑って，「必要になる1％の生徒を事前に見つけるのは不可能だからです」と答えたそうです。子育ては，将来のさまざまな可能性を見据えた上での，土台づくりです。いろいろな種をまいて，どんな花が咲くか楽しみに待ちたいですね。

アタッチメント：安心感の土台

　土台という言葉を使いましたが，心理学的に注目したいのは，子どもたちがさまざまなことを学ぶ土台を自分の心のなかにつくり上げることです。私たちは，不安なときには学べません。好奇心をもち，新しい経験をして学び，健康に成長していくためには，安心感が必要です。幼稚園などがどんなに安全に配慮しても，子ども自身が安心していなければ十分な学習は期待できません。不安なときは，不安への対処で精一杯なのです。人間は，危険や不安を感じたときに，安心してニュートラルな気持ちに戻ろうとする仕組みを，生まれつきもっています。これを「アタッチメント（愛着）システム」といいます。そして，そのシステムの発達に大きな影響を与える，主たる養育者を「アタッチメント対象」といいます。

これはイギリスのジョン・ボウルビィという小児精神科医がつくり上げた理論で，今では心理学や精神医学の重要な基礎理論となっています。幼児の子育てに携わる方々には，必ず知っておいてほしい知識です。どんな保育活動も，信頼できる保育者がそばにいて，子どもが不安になったときには保育者の援助によって安心感を取り戻せることが必要です。

実践してみよう　安心感の土台をつくるために知っておきたいこと

◯ アタッチメントシステムの発達の仕方

　アタッチメントシステムとは，乳児期においては「危機・不安を感じてネガティブな情動状態になったときに，泣くなどしてシグナルを発し，養育者にくっつき，危機感・不安が調節されて，ニュートラルな感情に戻る」という一連の流れのことです。生後3年間，脳の急速な発達とともに，アタッチメントシステムはどんどんできあがっていきます。0カ月のときから，泣いて養育者を呼び寄せるという能力をもっている乳児は，発達にともなって個人を見分ける能力も身に付けていき，7カ月頃には特定の人を求めるアタッチメント行動をとれるようになります。これにより，人見知りもするようになります。

　そして1歳半頃までに，このアタッチメントの個人差がほぼ成立します。つまり，養育者と別れるときの後追いの仕方や再会のときの言動，見知らぬ人への反応などが，子どもによって異なってきます。そしてさらに1年間かけて，2歳半頃にはアタッチメント対象である養育者のことを，目の前にいなくても自分に安心感を与えてくれる存在として，心のなかでイメージできるようになってきます。このイメージを使いながら，さまざまな人とやりとりをし，人をどのように信頼するか，どのように分かち合ったり，交渉したりするかを学んでいきます。そして5歳頃までに，「内的作業モデル」と呼ばれる対人関係のパターンを手に入れます。簡単にいえば，内的作業モデルとは，世のなかに対する見方のその人なりの辞書のようなもので，これを使って人は一生をかけて，さまざまな目的のもとにさまざまな人とかかわり，学んでいきます。

第5章　人間関係力を伸ばす遊びと保育

⬡ 保育者のかかわり方で大切なこと

　アタッチメント理論の観点から考えると，3つ子の魂とは，アタッチメントの個人差，すなわちアタッチメントスタイルです。3歳までに獲得したアタッチメントスタイルは，生涯にわたって持続します。何があっても変わらない，永久不変のものというわけではありませんが，変わりにくいことは事実です。

　乳幼児の保育においては，アタッチメントスタイルが安定したものとなることを目指すとよいでしょう。具体的には，子どもが困ったときに，養育者が助けてくれるという経験を経て，自分は大人に守られているという安心感，守ってくれる人がいるという信頼感を子どもがもてるようにかかわることです。このために養育者に必要なことは，養育者自身が余裕をもち，安定してどっしりと構え，子どもが求めてきたときに十分にかかわることです。

　子どもの側からすれば，養育者を求めるときに，ほどよく養育者を使える状態があるということです。これを「情緒的利用可能性」といいます。養育者は過保護になっても，放任になってもよくないのは誰でもわかることですが，どれぐらいがちょうどよいのか，という加減が難しいところです。どれぐらい，というのは子ども一人ひとりによって違うものです。アタッチメント理論を活かし，それぞれの子どもが不安になったときにどのようなサインを出すか，どの程度大人を必要としているか，どれぐらいかかわれば感情がニュートラルに戻るか，ということを考え，観察しながら子どもにかかわるとよいでしょう。

　子どもの安心感に注目しながらかかわっていると，個人差がよく見えてきます。よくぐずる子，じっと我慢する子，怒りっぽい子，こういった個人差を安心感の違いという視点で捉えるとよいでしょう。すると当然，子どもの背後にある家庭環境にも想いが及んでいきます。保育をする人は，こうして推測したことを仲間と共有し，話し合うことが大事です。そして何より，保育者自身が安定したアタッチメントスタイルによって，子どもにとっても保護者にとっても，安定した人のモデルとなれるとよいと思います。

【参考文献】
　数井みゆき・遠藤利彦編（2005）『アタッチメント——生涯にわたる絆』ミネルヴァ書房

2 人と「触れ合い」ながら遊ぶ

初めて幼稚園という集団のなかに入り，子どもが不安定になったり，慎重になったりしています。どんなふうに友だちをつくったらよいのかもわからないので，心のなかは常に揺れているようです。こうした子どもが友だちの輪のなかに入っていく支援の方法を教えてください。

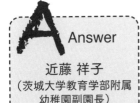

近藤 祥子
（茨城大学教育学部附属幼稚園副園長）

体を触れ合う遊びを用意する

入園当初の子どもたちは不安でいっぱいです。そうした子どもが，幼稚園というところを楽しいと感じられるようにするためには，体が触れ合う遊びをすることが効果的です。たとえば，積み木を並べて「電車が出発しますよ〜。乗る人はどうぞ〜」と声をかけてみます。すると，「乗せて，乗せて」といいながら次々に子どもたちが集まってきます。みんなが乗れるようにするために，お尻を動かして，前に詰めて座ることが必要になります。

このあと，「みんな乗りましたか。出発します」というと，前後にいる友だちに体をくっつけながら，「がったん，がったん，がったん」と電車に乗っている気分を味わうことができるでしょう。このように，友だち関係というものは，体を通じて感じ合うところから始まります。

喜怒哀楽をともにする

友だちを肌で感じることができたら，次は喜怒哀楽をともにすることが友だち関係を深める

ことにつながります。たとえば、次のような出来事は幼児にはよく見かけることでしょう。

①本当は怖かった

　初めての避難訓練の日。不安を取り除けるように教師は子どもたちを集めました。「地震です、地震です」と放送が入り、防災帽を被ってみんなで園庭に逃げる子どもたちは、少し緊張しているように見えましたが、泣く子どもはいません。避難訓練が終わり、クラスに戻るときに、子どもたちは友だちと手をつないで真っ直ぐ前を見つめて歩いていました。表情は硬く、今にも泣き出しそうです。きっと怖かったのでしょう。何もいわずに、友だちの手をぎゅっと握っています。友だちの手が心の支えとなっていたのですね。

②ヒーローになって

　入園してから毎日、Tくんは一人で大好きなウルトラマンやガンダムになりきって遊んでいます。戦っているつもりなのでしょう。言葉を発しながらいろいろな動きをしています。教師も動きをまねてかかわろうとすると、Tくんは何をいっているのかわかりませんが、夢中で自分の思いを体で表しています。次の日、Tくんはいつものようにウルトラマンになりきり、Sくんに向かっていくと、Sくんは少し驚いていましたが、すぐにTくんと同じようにまねをして動き始めたのです。2人はときどき体をぶつけ合ったり、抱き合ったりすることが嬉しくて、「ビーム！」「ヤー！トー！」など言葉を発し、体を触れ合いながら心からヒーローごっこを楽しんでいました。

　このように、入園当初の3歳児は、友だちと体をくっつけたり触れ合ったりすることで安心したり、楽しい気持ちになります。つまり、新しい場所で緊張している子どもには、体を寄せ合い、触れ合える機会を意図的につくることが大切だと考えます。そうすることで、子どもの気持ちが安定し、周りにいる友だちに関心をもちながら、自然にかかわりがもてるようになっていきます。

3 友だちと一緒に遊ぶ

Question
最近，幼稚園の友だちやきょうだいと一緒にお店屋さんごっこなどの遊びができるようになってきました。しかし，まだ自分たちで遊びを広げていくことが難しく，自分とは違う見方や考えをもっている友だちとはうまく遊べません。友だちやきょうだいと本当の意味で「一緒に遊ぶ」ために，どのように子どもを育てたらよいでしょうか？

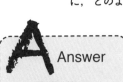
Answer
近藤 祥子
（茨城大学教育学部附属
幼稚園副園長）

まずはそれぞれの子どもの「やりたいこと」を出し合う

　子どもは遊び方を覚えれば，他人とうまく調整し合えるようになるというわけではありません。特に，遊びの場面では，自分のやりたいことが先に立ち，人の意見を聞きながら遊びを変えられるようになるのは，なかなか難しいことです。このとき，まず，みんなのやりたいことをいうことができる環境が大切です。

　たとえば，みんなでおばけ屋敷をつくったときのエピソードです。男児のつくった秘密基地に女児4名が入り，暗がりを楽しみながら互いを脅かし，「キャー」

と悲鳴を上げています。おばけ屋敷をイメージしているようで，おばけの絵を描いて，入り口付近の板に貼り付けて雰囲気を楽しんでいるところに，男児も一緒になかに入って，暗がりを楽しみながらおばけ屋敷に参加しているようすが見られました。たくさんの子どもの悲鳴が聞こえたので，「秘密基地から悲鳴が聞こえるけど，どうしたの？」と，声をかけてみました。すると，「ここは秘密基地じゃなくて，おばけ屋敷だよ」「たくさん人がいてちょっと窮屈じゃない？」と声をかけると，「もっと広いおばけ屋敷をつくりたい」というT君の言葉に，「ぼくもやりたい」「私も手伝う」と秘密基地を崩して，新たにおばけ屋敷をつくることになりました。同じ思いを抱いた子どもたちは，ガムテープをはがしたり巧技台を運んだりし始めました。

みんなの意見を重ね合わせる

　次の日，保育室に大きめの段ボールを準備しておくと，T君が段ボールを立てて床に並べ，その後登園して来たY君たちが床に段ボールを貼り，コースの途中におばけの絵を描きました。T君の「おばけ屋敷はもっと暗い」という言葉に「そうだよ。暗くするのに屋根がほしい。段ボールも」とY君。今度は，コースの上に段ボールを乗せて屋根をつくろうとしますが，うまく段ボールとつなげられずに苦戦しています。そこで，教師が遮光ネットを出して見せると，以前に年長組がつくったおばけ屋敷を思い出したようで，「それを使ってみる」と遮光ネットを張り巡らせました。自分たちのイメージが少しずつ形になっていくことを喜ぶ姿が見られました。

　おばけ屋敷が完成すると，たくさんの子どもたちが出入りするようになり，「ろくろ首」「一本足の傘おばけ」などのアイデアが出てきました。「おばけ屋敷の看板をつくろう」「チケットもあった方がいいよ」「じゃあ，ぼくがチケットつくる」など考えを出し合う姿が見られるようになりました。

　このように，4歳児は自分の考えを出し合うことで，自分とは違う見方や考え方に気づき，一緒に遊びをつくり上げていくようになります。大人は，それぞれの子どもの思いをつなぎ，「友だちと一緒にやりたい」「友だちがいるからやってみよう」と思えるようにかかわることが大切です。

4 話し合い，認め合い，仲間になる

Question 年長組になり，もうすぐ小学生になるのに，こだわっていることやとても好きなことについては，相手とうまく折り合えず，友だちとトラブルを起こしています。そうした子どもが相手の言葉を聞き入れ，受け止めていくことができるようになるには，どのようにしたらよいのでしょうか？

Answer
近藤 祥子
（茨城大学教育学部附属幼稚園副園長）

話し合いの最初はバラバラな方向を向いているもの

　幼稚園や保育所の子どもたちも年長になると，だいぶ自分の言葉で意見がいえるようになります。これ自体はとてもよいことなのですが，人の話を聞かずに自分のことばかり主張してしまう子どもに対しては，「どう育てたらよいか」悩むところです。そのような子どもには，時間をしっかりとり，穏やかな雰囲気のなかで「話し合い」「認め合う」経験をすることが大切です。

　それでは，どのように幼児に話し合いをさせたらよいでしょうか。次のエピソードから考えてみたいと思います。

「ぼくは絶対ありんこがいい」

　年長組では，子どもたちが自分たちの生活を自らつくっていくための1つの取り組みとして，グループをつくって活動しています。グループは，好きな友だちと5〜6人で構成されています。

　みんなでグループの名前を決めることになりましたが，H君たち7人のグループは，集まったもののなかなか話が進んでいきません。H君が「あのさ，どうする？ なんて名前にする？」とみんなに声をかけるのですが，応答がありません。Sさんは何かいいたそうにしていましたが，いいかけて口を閉ざしてしまいまし

た。T君とYさんは関係ない話をして笑っています。Mさんは，みんなから離れて後ろを向いて座っています。そのうち，H君が「いいよ，もう！みんな聞いてくれないんだから，勝手にしろ！」といい，外に飛び出して行ってしまいました。他のグループは，それぞれに話を進め，名前が決まっていきますが，H君たちのグループは，その日は話がまとまりませんでした。

意見の対立があるから仲間になれる

次の日，まだ名前が決まっていないグループに声をかけて，聞いてみると続きを話し合うといいます。H君が「他のグループは決まっちゃったんだから，早く決めよう」と張り切っています。それぞれに考えてくることになっていたので，話し合いが進んでいくだろうと見守ることにしました。H君が「考えてきたことを一人ずついうことにしよう」と投げかけると，Sさんが「おんぷっていう名前はどうかな」と発言しました。「いいね。おんぷか」とH君がつぶやくと，Mさんは「わたしもそれがいい」と重い口を開きました。T君とYさんは，相変わらずふざけ合っています。

少し離れた場所にいたA君に，「A君も考えてきたでしょ」とH君が投げかけると「ぼくは，ありんこがいい」と答えました。「ありんこか，それもいいな」「どっちがいいかなあ」「おんぷがいいよ」「おんぷにしよう」「そうだそうだ」と何も考えていなかったT君とYさんはすぐに応じました。H君が「みんな，おんぷでいいんだね。おんぷに決めた」といいます。しかし，A君が「絶対にありんこ。おんぷはい・や・だ！」と叫ぶと「だって，みんながいいっていって決めたんだから仕方ないじゃないか」とH君と押し問答になってしまいました。H君もA君もだんだん意固地になり，他の子どもたちは，途方に暮れたようすです。

話し合うということは「人の話を聞く」こと

　とうとうSさんが,「先生, ケンカが始まっちゃった」といいに来ました。もうしばらくようすを見ようと思っていたところでしたが, なかに入って話を聞くことにしました。それぞれの話を聞いた後に,「みんなで決めたことならいいけど, 一人でも反対の人がいたらそれはみんなで決めたことにはならないと思う」と先生がいうと,「そうだよ。ぼくはありんこがいいって思ってるんだから」とA君がつぶやきました。

　「早く決めなきゃなんないんだから」と急がせるH君に,「みんながいいと思うまでゆっくり決めていいんだよ」と落ち着かせました。しばらく, じゃんけんにしようとか手を挙げて多い方にしようとか話していましたが, どうやら多数決になったらしく,「おんぷとありんこどっちがいいか, 手を挙げて多い方に決めよう」と決まりました。手を挙げてみると, ありんこに挙げたのはA君だけでした。それでも「えー, おんぷが多いんだ。あれ？ そうか……」と少しがっかりした表情をした後に,「……いいよ, おんぷで」と納得したA君からは, 先程のような怒りは消えていました。

　このように, 年長組になると話し合いの機会をつくると, 自分たちで考えて決めることができるようになってきます。特に, 意見をやりとりするなかで, 自分の考えをいったり, 逆に相手の意見を聞くという経験を通して, 相手に気持ちを受け止めてもらえたと実感することが重要です。そのことが土台となり, 互いに聞き入れながら受け止め合える関係が育ち, 認め合いながら遊びや活動をつくり上げていく力が育っていくと思われます。

第6章
子育ての悩みに答えます

1 ほめると子どもは伸びるのですか？
～子どものほめ方・しかり方～

Question

「ほめて育てよ」とよくいわれます。叱らねばならないときもあると思いますが，どういうほめ方，叱り方がよいのでしょうか。

Answer
丸山 広人
（教育心理）

ほめることの功罪

　誰であっても叱られるよりほめられる方が気持ちよいものです。やる気も出てきますし，ほめてくれた人や認めてくれた人との関係を大切しようとも思います。
　ほめることは肯定的な人間関係をつくる基礎と考えられていますので，とても大切にされています。
　しかし，やみくもにほめればいいわけではありません。ほめるという行為は，上の立場の人が下の立場の人に対して行うものです。「よくできたね，すごいね」「お手伝いできてえらいね」という会話には，すでに上下関係が暗示されています。このようなほめ方は，ほめてくれるからやる，ほめてくれないならやらない，といった子どもを育てることにつながるという意見もあります。
　幼児の場合，こういった親子の上下関係（縦の関係）は当然と思われますが，子育てについて考察した精神科医のアルフレッド・アドラーは，誰とであれ横の関係づくりを推奨します。親子の関係でも同様です。ここでの横の関係とは，たとえば子どもがお手伝いをしてくれたとき，「えらいね」とほめるのではなく，「お手伝いしてくれてありがとう」「お母さん（お父さん）助かったよ」といったようにほめる（感謝する）のです。こうして横の関係でほめられると（感謝されると），子どもはほめられるから手伝うのではなく，みんなのためになるから手伝うというように，他者への貢献感が育ち，他者のなかで居場所を得られるよう

になると考えられています。その感覚が将来，社会に貢献する態度につながるのです。

　ほめるときの基本は，「私メッセージ」というのがいいのではないでしょうか。「私（＝お母さん，お父さん）はうれしいよ」というように私を主語にしてメッセージを出します。上からほめる場合，「（あなたは）えらいね」「（あなたは）すごいね」と相手（子ども）を主語にすることになります。私メッセージを意識すると，自然に横の関係のなかでほめやすくなります。そして，それが家族に貢献する感覚，ひいては世のなかに貢献する感覚を育てるのです。

叱ってばかりだとどうなるの？

　親が自分の感情にまかせて叱ってばかりいると，子どもは親の顔色ばかりをうかがい，おどおどした暗い性格になります。叱られないようにしようとするので，積極的に何かをすることもなくなっていきます。努力して一段高い自分を目指そうというのではなく，怒られないようにしよう，余計なことをしないようにしよう，チャレンジして失敗でもしたら大変だからやめておこう，といったように消極的な子どもになってしまいます。いわれたことだけやっておけばそれでよい，という感覚を育ててしまうことになります。

でも叱らないといけないときもありますよね？

　子どもが部屋を散らかしています。お母さんやお父さんは「早く片づけなさい」「何度いったらわかるの」と大声でどなりつけます。なかなか片づけなかった子どもたちは，その声の大きさに驚き，やっと部屋を片づけはじめました。やはり，叱ることは必要ではないでしょうか。ここでは叱ることを肯定も否定もせず，違う視点から考えてみましょう。かかわりのヒントが見えてくると思います。

　部屋の片づけといった場面では，部屋が散らかっていてイライラしているのは誰でしょうか。子どもたちでないことは明らかです。この散らかった状態にイライラしているのはお母さんやお父さんです。実は，部屋が散らかっている状態を問題と思っているのはお母さんやお父さんであり，それは子どもの課題ではなく，お母さんやお父さんの課題なのです。まず，そうはっきりと区別してみましょう。そして，次に対処の仕方です。どうすればいいのでしょうか。

このような場合は，大きな箱を用意しておき，子どもが片づけない場合は，すべてそこに入れてしまうという約束を子どもとしておきます。そして，いざ子どもが片づけをしない場合，散らかしている物を箱のなかに片っ端から入れて部屋をきれいにしてしまうという手があります。大きな箱のなかは，おもちゃやぬいぐるみ，ぬりえや色鉛筆でごちゃごちゃしているかもしれませんが，部屋もお母さん（お父さん）の気持ちもすっきりしました。これでいいのです。

　さて，しばらくして子どもはおもちゃで遊びたくなりましたが，おもちゃがどこにいったかわかりません。箱のなかには，子どもが片づけなかったものが無造作にいっぱい入っています。子どもはおもちゃで遊べません。困りました。これは誰の問題でしょうか。これは子どもの問題で子どもが対処せねばならない課題です。お母さんやお父さんの課題ではありません。そのときは子どもが助けてほしいというまで放っておけばよいのです。そのようにして，このおもちゃはどこにしまった方がいいのか，ということを話し合えばよいのです。このように，イライラしているのは誰なのか，困っているのは誰なのか，そしてその課題に対処せねばならないのは誰なのか，を明らかにすることを「課題分離」と呼びます。

「ほめる」とは少し違う子どもとのかかわり

◆ 勇気づけの子育て

　アドラー心理学では，子育ての目標を2つ立てています。「自立すること」と「社会と調和して暮らせること」です。そして，そのためには「自分には能力がある」という感覚と「人々は私の仲間である」という感覚を育てる必要があると考えます。「自分には能力がある」という感覚は，他者より優れている特別な能力，他者より優越している能力という意味ではありません。自分には他の人々と同じくらいの能力がある，他の人と変わらない程度の能力があるという意味での能力です。普通であるという感覚です。

　自分の能力をそれほど疑わず，他者を仲間と思える感覚というのは，一見簡単なようですがなかなか難しいものです。このような感覚を育むためにアドラーが

求めたのは「勇気づけ」というかかわりです。「普通であることの勇気」をどのようにもたせるかといった勇気づけの子育てを提唱しています。勇気づけというのは蛮行を勧めているわけでも、ヒーローになることを求めているわけでもありません。そしてこれは、「ほめる」とは少し違います。

勇気づけと勇気くじきの例

　たとえば，次のような例を考えてみましょう。4歳のコタローは夕食をつくっているお母さんの周りをうろうろしています。いつも食事のときには麦茶を入れることを知っています。そこでコップを取り出し麦茶を注ごうとしました。するとお母さんは慌てて「これはお母さんがやるからね，コタローは席に座っていてね」といいました。日常的によくある例です。せっかくコタローが手伝いをしようと思ったのですが，お母さんは麦茶をコップに注ぐことはまだ難しいと判断したのでしょう。結局コタローにそれをさせることはしませんでした。

　このような場面における勇気づけというのは次のようなかかわりです。コタローはコップを取り出し麦茶を注ごうとしました。お母さんは一瞬，コタローには無理かなと思いましたがやらせてみました。やはりお母さんが予想した通り，コタローは麦茶をこぼしてしまいました。するとお母さんはこぼれた麦茶をすぐに拭き取り，さっと次のコップを出していいました。「コタロー，もう一度やってごらん。次はもっと上手にできるよ」。少しこぼしてしまいましたが，さっきよりはずっとうまくできました。「コタロー，ありがとう。助かるわ」。お母さんはいいました。

　このようなかかわりによって，コタローは自分の能力に自信をもち，家族のために何ができるかを考えるようになっていきます。子どもの能力を信じてあげるといっていいでしょう。このようなことは大人がやってしまった方が早く着実にできますが，そこでぐっとこらえて子どもに任せてみる，子どもにさせてみるという取り組みが，子どもを勇気づけるのです。難しいことではなく，日常のほんの一瞬の判断とかかわりが子どもを勇気づけることになります。

2 母親として子育てができているか不安です

Question

子どもの行動にイライラし，感情的に叱ってしまったあとで落ち込んだり，他の子どもはできているのに自分の子ができていないことがあると，自分がちゃんと子育てをしていないからではないか，と思って不安になってしまいます。

Answer
守屋 英子
（臨床心理）

幼児期の子どもは親を困らせるものです

　幼児期の子どもの行動に親がイライラしたり，途方に暮れることはよくあります。自分の思う通りにならないと，ワーワーとずっといい続けて，親が何をいっても機嫌が直らないため，親もイライラしてしまったり，「○○しようね」といっても「ヤダ！」と拒否したり，「○○はどう？」といっても「ヤダ！」を繰り返す。「じゃあ，どうしたいの？」というと，「わかんない！ ヤダ！」と返ってくる。いったい何を考えているのか，さっぱりわからない，とさじを投げたくなったりします。

　何度いっても遊びがやめられなかったり，片づけができない。テレビは30分と約束をするのに，いざ消すとなると泣きわめく。祖父母に「なんて聞き分けの悪い子なんだろう」といわれて，自分が責められているように感じてしまったこともあるでしょう。保育参観に行くと他の子どもができていて，自分の子どもができていないところばかりが目について，気分が落ち込んでしまうということもあるかもしれません。

　自分の今までの育児の仕方が良くなかったのだろうか，もっと親として何かしなくてはいけないのだろうか，と考えてしまうこともあるでしょう。周りからダメな親，ちゃんと子育てしていない親，と見られているのではないかと心配になることもあるかもしれません。

第6章　子育ての悩みに答えます

でも，そんなふうに自分を責めたり，ダメだと思ったりする必要はありません。もっと自分にやさしくなりましょう。

「自分」ができてきた子どもたち

幼児期の子どもは幼いなりに「自分」というものができてくるので，なかなか親の思った通りにはしてくれません。自分の好きなこと，やりたいことがだんだんはっきりとしてきているのです。逆に自分にとって嫌なこと，心地が悪いことについてもわかってきます。「嫌だ！」「やりたい！」がいえることはとても大事なことなのです。自己主張ができるということは，順調にそこまで育ってきたことの証しです。

一方で幼児期の子どもはまだまだ未熟です。先の見通しというものをまだまだもつことができなくて，「今」というところにだけいるようなものです。自分の欲求や行動をコントロールする，というのはなかなか幼児期の子どもにとっては大変なことです。自分の思うことがかなわないときに，子どものなかにわき上がってくる強い感情を子どもはどうしたらいいかわからないので，泣きわめいたり，とにかく「ヤダ！」と繰り返すしかないのです。自分でも自分のなかの感情の嵐をどうすることもできないでいる状態です。

子どもに良かれと思ってやらせようとすることや，しつけとして制限することに対して，頑として聞き入れてくれなかったり，泣きわめかれたりすれば，誰だって嫌な思いになります。腹も立ちます。それは自然なことです。自分がイライラしたり，「このやろう」と思ったりすることを責めることはありません。親だって感情をもった人間です。自分の考えや行動を聞き入れられず否定されれば，いろいろな感情がわき上がってくるのは当然です。

実践してみよう　子どもにより良く接するために

⬢ **親が気持ちの余裕をもつことが大切**

では，感情的に子どもを叱らないためにはどうした

らよいでしょう。

「相手はまだ○年（お子さんの年齢を入れて下さい）しか生きていないんだよなぁ」と考えてみてはどうでしょうか。まあ，しょうがないか，と思えてきませんか？「○○年（あなたの年齢を入れて下さい）生きてる自分でも腹が立つし，嫌になるんだから，○年しか生きてないんだから無理もない」と。

駄々をこねている子どもや，何度いってもちゃんとやらない子どもを早く何とかしようとすると，ますます子どもが感情的になり，それを見ている親も感情的になり，どんどんヒートアップしてしまうことがあります。そんなときは，ちょっと離れてみることです。

他の部屋に行って何かをして気持ちを切り替えたり，独り言で子どもへの文句を吐き出すのも１つです。深呼吸をしてみるのもいいかもしれません。まずは，「はぁ～」とため息をついて息を吐きます。それから，鼻からお腹へ，「１・２・３」と数えながら息を吸って，「４」で止めて，「５・６・７・８・９・10」と口からゆっくりと息を吐きます。これを２，３回繰り返しましょう。「10秒呼吸法」という気持ちを落ち着かせるための方法です。

自分もちょっとクールダウンして，先に述べたような，まだまだこの年齢ではこんなことはよくあることなんだ，仕方ないと思うことです。子どもの方とも落ち着いていたら，話をしましょう。「○○がしたかったんだね」または「○○が嫌だったんだね」と，まず子どもの気持ちをわかっているということを伝えましょう。それから，「お母さん（お父さん）は，～という理由で，～してほしかったんだよ」と理由を伝えましょう。それから，「今度は～のときには，～できるといいね」と伝えましょう。望ましい行動をしてくれたときには，「～できてお母さん（お父さん）うれしいな」とか「～してくれてありがとう」と伝えることを忘れずに。

子どもの行動にイライラしないためには，親自身が気持ちに余裕がもてていることが大事です。子育ての大変さを話したりできる機会，子育てとはまったく関係のないことを話したりする機会をつくることができると良いですね。たまにはお子さんから離れて自分のために使う時間をつくることも考えましょう。身近な人にちょっとお子さんを見てもらったり，一時保育を利用することも考えられます。

第6章　子育ての悩みに答えます

◯「完璧な子育て」でなくていいのです

　そうはいっても，他の子どもは親のいうことをよく聞いているように思えたり，もっと落ち着いた行動をしているのに，と思えたりするかもしれません。他の子どもは，このくらいできているのに，何で自分の子どもはできないのだろう，と思うようなことも多々あるかもしれません。

　どの子も同じテンポで成長するわけではありません。子どもは一人ひとり違います。外の世界への興味・関心のもち方や，欲求の強さ，その出し方も子どもによって違います。幼児期は運動能力，言語能力，知的能力，社会性が大きく成長する時期です。そういう時期だからこそ，逆に子どもによる成長の差が目立ってしまう時期でもあります。

　お子さんは赤ちゃんのときから，いいえお腹にいるときから，一人ひとり違っています。お母さん自身の育ってきた環境，個性，パートナーとの出会い，パートナーの育ちと個性，お子さんを産み育てている今の環境，みんなそれぞれ違っていることでしょう。一人ひとり違う個性をもった子どもと，一人ひとり違う個性をもったお母さんとお父さん。そう考えれば子育ても一人ひとりの子どもで違いがあって当然です。

　ご自分の子育てを，これでいいんだと思えると，ずいぶん子育てが楽になると思います。完璧な子育てを目指さなくていいのです。子どもはどの子も健康に育つ力をもっています。子どもにとって良い体験の方が悪い体験よりも多ければ，子どもは順調に育っていってくれます。ほどほどに良い育児をしていればそれで大丈夫です。肩の力を抜いて，お子さんとの時間を楽しみましょう！

◯心配なことは誰かに相談を

　それでもお子さんの発達について，性格特性について，自分の接し方について，不安になることは必ずあるでしょう。そんなときには誰かに相談しましょう。身近な人にまずは話してみることです。

　保育所や幼稚園の先生方は子育てのプロです。小さなことでも気軽に聞いてみましょう。もっと専門的な意見が聞きたいときには，いろいろな相談機関があります。あまり構えずにまずは困っていることを話してみることです。

3 ルールを守れる子どもを育てるには どうしたらよいでしょうか？
～道徳性・社会性の発達～

子どもがわがままをいってルールを守らず、困ってしまうことがあります。ルールを守れる子どもに育ってほしいと思っているのですが、どのようなことを心がけたらよいのでしょうか。

青柳 路子
（道徳教育）

遊びを通して学ぶルール

普段、子どもが楽しんでいる遊びは子どもがルールを学んでいく大切なものです。では、子どもは遊びを通してどのようにルールを学んでいくのでしょうか？

子どもは、3歳頃までは自分一人の世界で遊びを楽しみます。友だちが近くで同じようなことをして遊んでいても、遊びは共有されていません。それが次第に、数人の友だちと一緒になって遊びを楽しむようになっていきます。

子ども同士が一緒に遊ぶには、遊ぶための約束が必要です。たとえば、おままごとで遊ぶことになったとき。私はお母さん、あなたはお父さん、ここはテーブル、これはお皿など、約束をお互いに確認して遊びが始まります。自分が思っていたことと違うことを友だちがしたら、その場で約束を追加したり訂正したりして、遊びがより楽しくなるように子どもは自ら工夫します。

こうした経験を重ねることによって、子どもの遊びはルールに沿ったものへと発展していきます。5歳頃になると、子どもはルールの明確な遊びをより多くの仲間と楽しむようになります。さらに、この頃には、天気や場所、メンバー構成などによって自分たちが遊びやすいようにルールを変えることもできるようになります。ルールは大切なもので守ることが大事だけれど、そのルールも仲間の了

解があれば変えられることを，子どもは遊びを通して学んでいくのです。

　ルールに沿って遊ぶことで，子どもは達成感を味わったり，ときには勝ち・負けを楽しんだりします。ルールを守ることで友だちと楽しく遊ぶことができるという経験は，子どもの内側にルールを守ることの大切さを根づかせます。

日常生活のルール，社会のルール

　遊びのルール以外にも，子どもの生活にはさまざまなルールがあります。たとえば，ごはんの前に手を洗いましょう，寝るときはパジャマに着替えましょうといった，家庭や幼稚園・保育所などでの日常生活のルール。このルールは，子どもが幼い頃は大人との約束として守られていくことになるでしょう。また，赤信号のときは道路を渡らない，買い物をしてお金を払うときには順番を守るなどの社会に存在するルールやマナーもあります。

　これらのルールは，子どもが遊びのなかで自然に学んでいくルールとは異なって，いわば外から与えられるルールです。なかには，子どものいのちを守るための重要なルールもあります。このルールを子どもが守れるようになっていくには，大人がルールを守るようにうながしながら，ときには大人が子どものお手本になってルールを守ることの大事さを伝えていくことが大切です。

　日常生活のルール，社会に存在するルールは，子どもの「なぜ？」を引き出すことがあります。なぜそのルールがあるのか，なぜ守る必要があるのか。子どもが不思議に思い理由を尋ねてきたら，その答えを言葉にして伝えましょう。というのも，良いこと，悪いこと（いけないこと）の判断基準は，幼児期から形成されていくためです。ルールを守ると気持ちがいいね，こんな嬉しいことがあったね，と，ルールを守ることの良さを子どもに伝えて，その良さを子どもと共有しましょう。そして，子どもの判断力を育てるために，ルールについての知的な理解も深められるように援助してあげましょう。

　遊びを通した子どもの内側からの学び，外側からの大人の働きかけの両輪があって，子どもはルールの大切さを理解し，ルールに沿って行動できるようになります。子どもの遊びを観察してみてください。ときおり，ルールを守れないことがあっても，ルールの理解やルールを守ることができる力が子どものなかに育ちつつあるのではないかと思います。ルールを守れず，わがままをいってしまう子

どもの思いを受け止めながら、子どもがルールを守る一歩を自ら踏み出せるように言葉をかけ、援助してあげてください。

子どもにルールを理解させ、守ることを伝えるために

⬡ ルールを守ることをうながす幼児期の遊び

複数もしくは集団での遊びを通して、子どもはルールの理解を発達させていきます。ここでは、子どもの社会性の発達と合わせながら3つ紹介します。

①ごっこ遊び

2〜3歳頃のごっこ遊びでは、みんな一緒に同じ役になって遊ぶことがほとんどです。年齢があがると、一人ひとりが違う役のごっこ遊びに変わっていきます。違った役で遊ぶときには、遊びの約束ごとが必要です。その約束ごとをお互いに確認して、子どもは仲間とともに遊びを楽しみます。

仲間が意識されるようになると、遊びに加わるにはどうしたらいいかが子どもにとって大きなテーマになります。とはいえ、最初はなかなか「いれて」とはいい出しにくいもの。子どもが遊びに加われないでいたら「なんていったらいい？」と、子ども自身が「いれて」といえるように大人がうながしてあげましょう。また「いれて」といわれた側の子どもたちも、すぐには仲間に加えてあげられない場合があります。そうしたときには、仲間に入りたい子どものそばで、加わりたい遊びに近い内容で遊ばせるなどして、子どもたち同士のつながりが自然に生まれるように援助してあげましょう。

②凍りオニ

オニごっこ遊びで、一般に「助けオニ」といわれる遊びの1つです。オニにつかまったらその場で停止する、つまり凍った状態になり、仲間がやってきて身体にタッチすると再び動けるようになるという遊びです。身体を活発に使い、仲間同士助け合いながら遊びます。大人数で遊ぶときは、最初は大人がオニをして実

際に遊んでみることで子どもにルールを理解させましょう。慣れてきたら，子どもたちのみで遊ぶことができます。

　遊びに慣れ，楽しめてきたら，ルールに一工夫することもできます。たとえば，オニにつかまったら「たすけて！」と助けを呼ぶ，助けを呼んだ人は必ず助けるようにする，仲間に助けてもらったら「ありがとう」とお礼をいうなどのルールです。言葉がけや仲間意識を育むルールを盛り込んでいくことで，子どもたちの社会性の発達をうながすことができます。また，異年齢で遊ぶときには，相手をいたわったり，丁寧に接したりする力も育まれます。

③ドッジボール

　ドッジボールはスポーツにもなっており，ルールが明確です。しかし，遊んでいると，仲間同士でボールを奪い合ったり，ボールを一回も投げていないという文句が出たり，あたった・あたっていないでもめることもあります。そうしたトラブルに大人が積極的に介在した方がよい場合もありますが，子どもたち自身がどうしたらよいか考え，「ゆずる」「じゃんけんで決める」「あたったかどうかをよく見ることにしよう」などと，ルールに沿ってお互いに納得できる解決策を見出していくこともできます。

　ドッジボールのようなチームをつくって勝ち負けを競うことは，協調性を育みます。次第にリーダーも生まれてチームを引っ張る姿が見られるようになります。

　以上の遊びは，子どもたちが多く集まる場で行われる遊びですが，日常子どもが楽しんでいる遊びでもルールを守ることへのうながしや援助ができます。保護者の方も，ときには子どもの遊びに加わって，遊びを通して体験する喜びや悔しさなど，子どものさまざまな思いに寄り添いながら，遊びを通して育まれる社会性やルールの理解のようすを身近で感じとってみてください。

【参考文献】
　湯汲英史（2015）『0歳～6歳 子どもの社会性の発達と保育の本』学研教育出版

4 思いっきり遊ぶとけがをしそうで心配です
～安全に遊ぶ～

思いっきり遊ばせてあげたいのですが，幼児期の子どもは，ちょっと目を離すととても危険なことをたくさんしています。子どもを安全に遊ばせるためには，どのようなことに気をつけたらよいのでしょうか？

上地 勝
（健康教育）

思いっきり遊ぶとけがをしやすい！？

「子どもには思いっきり遊んでほしいけれど，けがが起きた場合のことを考えると，つい遊び方を制限してしまう」

このように考えてしまうことがあるかもしれません。けれども，全身を使って思いっきり遊ぶことは，子どもの心身の発育発達のためには必要不可欠なことです。運動遊びをすることによって，筋力，敏捷性，バランス能力などの基礎体力や，走る，跳ぶ，投げる，捕るなどの基礎的な運動機能がバランス良く発達します。それらに加え，運動遊びは友だちとの関係など社会性の発達や，楽しさ，嬉しさ，悔しさなど，豊かな情緒の発達にもつながります。

そもそも，思いっきり遊ぶと，本当にけがをしやすくなるのでしょうか？

全国の幼稚園で発生したけがや病気のなかで，病院で治療してもらう必要のあった事例についてまとめた統計データがあります。2013年度は2万2000件の負傷・疾病が報告されていますが，そのうち，運動場や体育館，園庭などで起きた事故は約1万件と半分以下です。けがの半分以上は，保育室（教室）や廊下，階段，トイレなど，運動遊びというより，普段の生活行動のなかで起きていることがわかります。事故やけがの防止のことを考えると，運動遊びの場面だけではなく，それ以外の生活行動にも目を向ける必要があります。

幼稚園におけるけがの状況

　図1は幼稚園で発生するけがを部位別に表したものです。これをみると，男児の方が女児よりもけがが多いことがわかります。男児におけるけがの発生件数は，女児に比べて1.7倍にもなります。部位別にみると，顔部が最も多く（男児で50％，女児で45％），次に上肢部が多いこと，男児は頭部のけがも多いことなどがわかります。幼児は，視野が狭いため人や物にぶつかりやすいことや，大人と比べて頭部が重く，不安定で転倒しやすいことが要因として挙げられます。転倒したときに体を支える腕の筋力や，とっさの事態に対応するための運動機能が十分に発達していないことなども一因です。

図1：幼稚園におけるけがの部位別件数
（参考文献より著者作成）

　図2は遊具によるけがの発生件数です。男児はすべり台やアスレチック，女児は鉄棒や雲ていでのけがが多くなっています。すべり台などは多くの幼稚園・保育所の園庭に設置されているものです。また，鉄棒やジャングルジムなどは一般的な公園に設置されています。これらの遊具で危険な遊び方をしていたら，特に注意が必要です。
　このように，幼児期のけがの特徴を理解し，危険に気づくことによって，事故やけがを未然に防ぐことが可能になります。

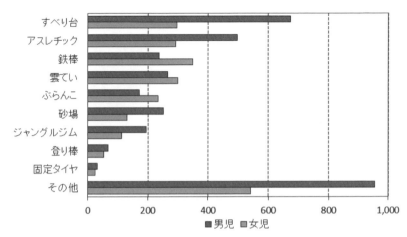

図2：幼稚園における遊具によるけがの件数
（参考文献より著者作成）

 安全に遊ぶために

◯ 環境を整える

　子どもたちが活動する場に，事故やけがの原因になるものやことがないかどうか確認しましょう（たとえば，雨で遊具がぬれているなど）。また，万が一起きてしまった場合に，悪化させるような要因はないかどうか確認しましょう。たとえば，同じ転倒でも，芝生や土の上とコンクリートや砂利の上では，その後の状況がまったく異なります。

◯ 子どもたち自身の危険要因を減らす

　子どもたち自身に事故やけがにつながるような要因がないかどうか確認しましょう。たとえば，服装はその1つです。引っかかりやすい，脱げやすい，滑りやすい服や履物は避けましょう。心身の状態の把握も大切です（はしゃぎ過ぎ，機嫌が悪い，体調が悪い，けがをしているなど）。また，ルールを理解し，守ることも大切です。周りに人がいる場所では物を投げない，振り回さないなどの基本

的なことや，遊具の安全な使用方法などを子どもに理解させ，守ってもらうことは事故やけがのリスクを減らします。

⬡ 事例を共有する

　幸い事故やけがには至らなかったものの，「ヒヤリ」としたり，「ハッと」したりした出来事があった場合は，そのままにせず，どのような状況でそうなったのか，なぜ大事に至らなかったのか，周りの人たちに話して情報を共有しましょう。そうしておくことで，気をつけるポイントとして意識づけされ，同様の場面での事故やけがの防止につながります。

　ただし，いつまでも手取り足取りでは，子どもの成長を逆に阻害しかねません。成長に合わせて，はじめは「手が届く位置」から「声が届く位置」「目が届く位置」と徐々に距離をとりながら，遊ぶ姿を見守ってあげましょう。

　最後に，運動遊びをする場合，特に遊具などの使用の際にはルールを守って活動することが基本になりますが，あまり細かい点にまでとらわれ過ぎると，子どもが創造力を発揮する場面を失ってしまう可能性があります。子どもは遊びの天才です。子どもたち同士でいろいろなアイデアを出し合って，遊びを発展させたり，新たな遊びを考え出したりします。周囲の状況から，他の子の迷惑にならない，危険性はないなどの判断ができれば，少々のことは大目に見て，自由に伸び伸びと，思いっきり遊べるように見守っていきましょう。

【参考文献】
　日本スポーツ振興センター（2014）『学校の管理下の災害［平成26年版］――平成25年度データ』日本スポーツ振興センター学校安全部

おわりに

　本書は，茨城大学教育学部のさまざまな分野の専門家が，それぞれの専門性を活かしながら，「子どもが伸びる子育て」に焦点をあてて執筆しています。理論的なことが述べられるとともに，具体的な方法にまで触れて書かれていて，実践の場で役に立つ内容になっています。

　『楽しく遊んで，子どもを伸ばす』全体を通していえることは，子どもの主体性を大切にすることがポイントになるということだと思います。大人が力づくで「子どもを伸ばす」のではなく，大人の役割は「子どもが伸びる」ことを支えていくことなのです。そもそも「Education」という言葉には，子どもの内にあるものを引き出すという意味がありますが，幼児教育においては，特に子どもの主体性をどのように引き出すかが重要だということになるのだと思います。そのためには，やはり子どもの主体性が展開する遊びや表現を通しての学びが必要だということになります。そして「健康」「言葉」「数」「科学の目」，さらには「人間関係力」にしても，子どもが伸びていく芽は共通なのだと思います。

　子どもの伸びる力は，私たち大人と異なりとてつもなく大きいのです。だからこそ，ときに，早く早くと急いでしまうことにもなってしまいます。しかし，本書全体を通して見えてくることは，子どもの伸びる力を信じて待つことの重要性です。いくつかの点が指摘できるのではないかと思います。

　第一に，子どもに寄り添う大人の重要性です。大人も「ともに世界を楽しむ」ような場をもつことが子どもを成長へと導きます。確かに，そのかかわりは日常的で，何の変哲もないものかもしれません。たとえば，子どもが転んだときに，「あ，痛い」といってしまう大人が近くにいることが大事な意味をもちます。そのとき，子どもは，「痛い」という言葉を覚えると同時に自分の存在に寄り添ってくれている他者がいることを確信できます。また，乳幼児の「指さし」も親子の大切なやりとりになります。子どもの指さす先にある世界を子どもと大人が「ともに」目差すことは，同じ世界を生きる実感を与えてくれますし，学びの出発点でもあります。何かを強制的に「させる」ようなしつけや勉強よりも，「と

もに」生きていく他者を感じられる世界を築くことが、子どもが伸びていくための絶対条件であるように思われます。

　第二に、子どもたちが、私たち大人よりずっと豊かな感覚を生きていて、優れた感受性をもっていることへの敬意が求められるのだと思います。子どもに長時間教育ビデオを見せておくお母さんがいるとします。確かにその内容は子どもの学習に有効かもしれません。だが、ビデオ学習には私たちの生きる世界のような奥行きがありません。私たちの世界は学習のために準備されている世界でなく、そのため、多面的であり多義的だからです。そうした世界を経験することが子どもたちの学びを豊かにしてくれます。学びとはもともと探検なのですから、大人の側で準備した内容を子どもに伝え、大人のつくったレールを歩ませるだけでは、学びの本質に矛盾してしまうことになります。子どもたちは失敗し、そこから学び、また挑戦していきます。

　第三に、他の子どもたちとの協働性を育んでいくことが重要です。本書においても、複数の箇所で、さまざまな集団遊びが紹介されていますが、幼児教育においては、個性と共同性の両立が大きな課題だと思います。2000年頃、日本でも大きな話題となった「レッジョ・エミリア」の実践を想い出します。イタリア北部にある小都市レッジョ・エミリアでは、地域を挙げて幼児教育に力を入れています。その教育実践は、芸術教育に基礎を置き、子どもたちの内側にある豊かな感性を、自然物、人工物を含めた豊かな環境のもとで引き出すことを目指しています。しかし、その教育実践は、決して個人にのみ焦点をあてたものではなく、個性と共同性をともに大切にした教育実践となっているのです。

　子育ての困難な時代が来ています。また評価の可視化が強調され、見えるものばかりが重視される社会状況もあります。そのようななかで、どうしても見せる保育、させる保育が横行するようになります。本書を読み解きながら、サン＝テクジュペリの『星の王子さま』に描かれているような、見えないものの大切さを再認識することは、幼児教育の専門家ばかりではなく、保護者の方々にとっても必要なことなのではないでしょうか。そのために、本書が少しでも役に立てば、とてもありがたいことです。

茨城大学教育学部長　生越 達

〈執筆者一覧〉

編集　茨城大学教育学部
　　　茨城大学教育学部附属幼稚園

執筆者（執筆順）

勝二　博亮（しょうじ　ひろあき）	（第1章1）	茨城大学教育学部 教授
石島　恵美子（いしじま　えみこ）	（第1章2）	茨城大学教育学部 准教授
渡邊　將司（わたなべ　まさし）	（第1章3）	茨城大学教育学部 准教授
青柳　直子（あおやぎ　なおこ）	（第1章4）	茨城大学教育学部 准教授
杉本　憲子（すぎもと　のりこ）	（コラム①）	茨城大学大学院教育学研究科教育実践高度化専攻 准教授
大津　展子（おおつ　のぶこ）	（第2章1）	茨城大学教育学部 講師
片口　直樹（かたぐち　なおき）	（第2章2）	茨城大学教育学部 准教授
臼坂　高司（うすざか　たかし）	（第2章3）	茨城大学教育学部 准教授
谷川　佳幸（たにがわ　よしゆき）	（コラム②）	茨城大学教育学部 教授
細川　美由紀（ほそかわ　みゆき）	（第3章1）	茨城大学教育学部 准教授
昌子　佳広（しょうじ　よしひろ）	（第3章2）	茨城大学全学教職センター 教授
齋木　久美（さいき　くみ）	（第3章3）	茨城大学教育学部 教授
新井　英靖（あらい　ひでやす）	（第3章4，コラム③）	茨城大学教育学部 准教授
松村　初（まつむら　はじめ）	（第3章5）	茨城大学教育学部 准教授
五島　浩一（ごとう　こういち）	（第4章1）	茨城大学教育学部 准教授
大辻　永（おおつじ　ひさし）	（第4章2）	東洋大学理工学部機械工学科 教授(前茨城大学教育学部准教授)
村山　朝子（むらやま　ともこ）	（第4章3）	茨城大学教育学部 教授
小林　英美（こばやし　ひでみ）	（コラム④）	茨城大学教育学部 教授
金丸　隆太（かねまる　りゅうた）	（第5章1）	茨城大学大学院教育学研究科学校臨床心理専攻 准教授
近藤　祥子（こんどう　しょうこ）	（第5章2～4）	茨城大学教育学部附属幼稚園 副園長
丸山　広人（まるやま　ひろと）	（第6章1）	茨城大学大学院教育学研究科教育実践高度化専攻 准教授
守屋　英子（もりや　ひさこ）	（第6章2）	茨城大学大学院教育学研究科学校臨床心理専攻 教授
青柳　路子（あおやぎ　みちこ）	（第6章3）	茨城大学大学院教育学研究科教育実践高度化専攻 准教授
上地　勝（うえじ　まさる）	（第6章4）	茨城大学教育学部 准教授

イラスト：正根知 愛子・福島 澪・山口 華苗（茨城大学教育学部学校教育教員養成課程特別支援教育コース）

楽しく遊んで、子どもを伸ばす
――子育て・保育の悩みに教育研究者が答える Q&A――

2016年8月10日　初版第1刷発行

編　者	©茨城大学教育学部
	茨城大学教育学部附属幼稚園
発行者	石　井　昭　男
発行所	福村出版株式会社
	〒113-0034　東京都文京区湯島 2-14-11
	電　話　03(5812)9702
	FAX　03(5812)9705
	http://www.fukumura.co.jp
印　刷	株式会社文化カラー印刷
製　本	協栄製本株式会社

ISBN978-4-571-11039-9　C0037　Printed in Japan

落丁・乱丁本はお取り替えいたします。
◎定価はカバーに表示してあります。

福村出版◆好評図書

中村みゆき 著
園生活がもっとたのしくなる！
クラスのみんなと育ち合う保育デザイン
●保育者の悩みを解決する発達支援のポイント
◎1,600円　ISBN978-4-571-12128-9　C3037

発達に偏りのある子が，園生活を楽しく過ごし，クラスのみんなと育ち合う保育デザインをわかりやすく解説。

橋本創一 他 編著
知的・発達障害のある子のための
「インクルーシブ保育」実践プログラム
●遊び活動から就学移行・療育支援まで
◎2,400円　ISBN978-4-571-12119-7　C3037

すぐに活用できる知的・発達障害児の保育事例集。集団保育から小学校の入学準備，療育支援まで扱っている。

小山望・太田俊己・加藤和成・河合高鋭 編著
インクルーシブ保育っていいね
●一人ひとりが大切にされる保育をめざして
◎2,200円　ISBN978-4-571-12121-0　C3037

障がいのある・なしに関係なく，すべての子どものニーズに応えるインクルーシブ保育の考え方と実践を述べる。

小川英彦 編著
気になる子ども・発達障害幼児
の保育を支える あそび55選
◎1,700円　ISBN978-4-571-12124-1　C3037

気になる子どもの発達を促す原動力である実践的な支援「あそび」を豊富なイラストと共に紹介。

水野智美・徳田克己 編著
「うちの子、ちょっとヘン？」発達障害・
気になる子どもを上手に育てる17章
●親が変われば、子どもが変わる
◎1,700円　ISBN978-4-571-12122-7　C0037

発達障害の傾向があるわが子に，早期に気づき，認め，対応することで，子どもを上手に伸ばす育て方を紹介。

徳田克己 著
おすすめします！
育児の教科書『クレヨンしんちゃん』
●生きる力を育むマンガの読ませ方
◎1,400円　ISBN978-4-571-11026-9　C0037

子どもの育ちに良い影響を与えるマンガの効能と読ませ方を，心理学者が研究にもとづいてわかりやすく解説。

滝口俊子・渡邊明子・井上宏子・坂上頼子 編著
子育て知恵袋
●子どもを健やかに育てるために
◎1,500円　ISBN978-4-571-11031-3　C0037

乳幼児・児童の保護者や保育者の様々な悩みに，保育カウンセラーや保育園園長など保育の専門家がアドバイス。

◎価格は本体価格です。